포노사피엔스를
위한
진로 교육

포노 사피엔스를 위한 진로 교육

초판 1쇄 발행 2021년 7월 23일
초판 2쇄 발행 2023년 12월 1일

지은이 | 김덕년, 유미라, 허은숙

발행인 | 최윤서
편집장 | 최형임
디자인 | 디자인붐
마케팅지원 | 김수경, 최수정
펴낸 곳 | (주)교육과실천
도서문의 | 02-2264-7775
인쇄 | 031-945-6554 두성 P&L
일원화 구입처 | 031-407-6368 (주)태양서적
등록 | 2020년 2월 3일 제2020-000024호
주소 | 서울특별시 중구 창경궁로 18-1 동림비즈센터 505호
ISBN 979-11-91724-01-1 (13370)

값은 뒤표지에 있습니다.

포노사피엔스를 위한 진로 교육

진학과 직업에 몰입된 진로 교육 벗어나기

김덕년 · 유미라 · 허은숙 지음

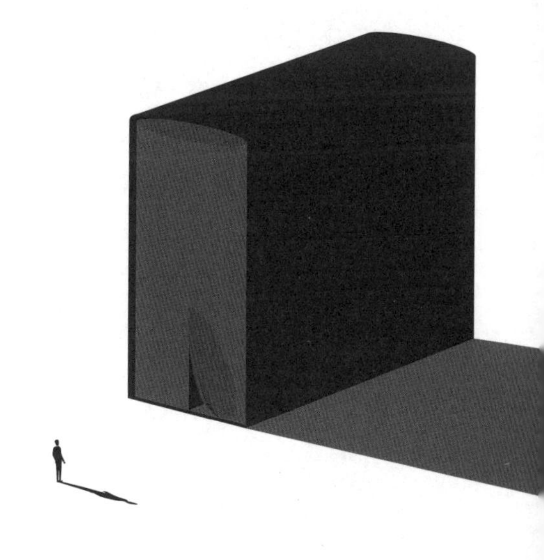

교육과실천

들어가는 글

우리 아이들은 무엇을 원하는가?

'아이들이 행복한 진로 교육'이란 무엇인가?

진로 교육은 어려서부터, 그리고 가정에서부터 이루어져야 한다. 현대의 아이들은 아주 어릴 때부터 미디어의 영향을 받고 자란다. 갓난아이 때부터 스마트폰이나 태블릿PC를 손에 쥐고 동영상을 보고, 게임을 한다. 학교생활을 하기 전부터 이미 온라인을 통해 학습을 하는 것이다. 그렇게 우리 아이들은 포노 사피엔스가 된다.

포노 사피엔스(Phono Sapiens)는 스마트폰으로 모든 정보를 획득할 수 있는 신인류이다. 이들은 인터넷이라는 공간에서 스스로 결정하고 행동해야 한다. 일찌감치 스스로 주체가 되어 행동하는 데 익숙한 아이들이다. 자기중심적이다. 네트워크에서 활동은 나로부터 시작해서 나로 끝난다.

이런 아이들에게 어떻게 진로 교육을 해야 할까?

필자들의 고민은 바로 여기에서 시작되었다. '아이들이 행복한 진로 교육'은 아이들이 하고 싶어 하는 것을 찾도록 다양한 경험의 기회를 주고, 스스로 해낼 수 있도록 역량을 키워주면서 부모와 교사가 함께 공감하며 기다려주고, 진정으로 존중을 해주어야 한다. 이런 당연한 말은 알지만, 실제 신인류인 아이들과 대면하면 여지없이 무너진다.

"내 인생에 훈수 두지 마."

포노 사피엔스는 자신의 진로에 어른들이 끼어드는 것을 달가워하지 않는다. 보살핌을 받아야 할 정도로 어리다고 생각하지도 않고, 굳이 지원을 바라지도 않는다. 부모는 아이와 함께 진로를 고민하고 싶다. 그러나 지금 이 시대는 너무나 이질적인 두 인류가 살아가고 있다. 게다가 이 시대의 변화는 너무나 빠르다.

어떻게 하는 것이 '아이들이 행복한 진로 교육'일까? 영화 〈미나리〉 이야기를 잠깐 하자.

"데이빗, 뛰지 마!"

"저게 뭐야?"

"저거?"

"수놈들을 저기서 폐기하는 거야."

"폐기가 뭐야?"

"말이 좀 어렵지? 허! 수놈은 맛이 없거든. 알도 못 낳고 아무 쓸모 없어. 그러니까, 우리는 꼭 쓸모가 있는 사람이 돼야 해."

'쓸모가 있는 사람'이라는 말은 과연 어떤 의미일까? 물론 영화에서 남자 주인공이 했던 그 상황을 모르는 것은 아니다. 다만, 꼭 쓸모가 있어야 하는지에 대해 반문하는 것이다.

진로 교육에서 가장 중요한 것은 모든 존재의 가치를 인정하는 일이다. 이 세상에 존재하는 모든 것은 다 의미가 있다. 인간은 더 귀한 존재이다. 차별을 받을 이유도 없지만, 다른 사람을 차별할 권리도 없다. 모든 생명은 어느 저울에서도 한쪽으로 기울어지지 않는다. 그 가치의 경중을 따져서는 안 될 일이다. 아이들이 행복한 진로 교육이란 바로 가치의 경중을 따지지 않는 진로 교육이다. 쓸모가 있건 없건 생명이 있는 존재는 모두 소중하다. 이런 소중한 생명들에게 어른들이 해주어야 하는 진로 교육은 무엇일까?

포노 사피엔스들은 스스로 자신의 소중함을 인식하고 있다. 이들에게 행복한 진로 교육을 하는 방법은 무엇일까?

먼저, 잘 놀게 두어야 한다. 아이들에게는 놀이가 학습이다. 상황이 허락한다면, 유치원이나 어린이집에 보내기 전까지는 부모 또는 조부모와 함께 충분히 놀아야 한다. 부모 또는 조부모와 함께 지내는 아이들은 심리적으로 안정된다. 여기에 자유로운 놀이 학습을 통해 창의성을 키워간다.

둘째, 삶의 의미를 알게 해야 한다. 포노 사피엔스는 그 특성상 일찍 온라인에 노출되고, 많은 정보를 접한다. 그러나 이 정보의 옳고 그름을 분별하는 데는 서툴다. 어릴 때는 그냥 그대로 받아들이고 믿는다. 옳고 그름을 분별하기에는 기준이 되는 정보가 너무 부족하기 때문이다. 그런데 무작정 받아들인 정보가 쌓인다. 옳고 그름을 판단하는 능력은 어느 정도 자신의 가치관을 확립한 이후에 얻을 수 있는 것인데, 어린 나이에 무분별하게 정보를 받아들이다 보면 거짓 정보와 사실을 구별하지 못하는 경우가 많다. 초등학교 4~5학년 때부터는 더욱 신중해야 한다. 부모들은 아이가 아직 어리다고 생각할지 모르지만, 아이들은 이미 자신들이 다 컸다고 생각하며 어른처럼 대우받고 싶어 한다. 이 시기의 고민이나 삶에 대한 의문을 해결하지 못하면 마음의 상처를 받기도 하며, 그 상처를 치유하는 데 시간이 오래 걸린다. 부모와의 대화는 아이들이 두려움을 떨쳐낼 수 있는 가장 큰 힘이 된다. 이 과정에서 아이는 자신의 삶을 더 성찰할 수 있다.

셋째, 노동의 가치와 즐거움을 알아야 한다. 보편적으로 인간은 노동을 싫어하지만, 노동을 하지 않으면 건강한 삶을 살지 못하고, 행복의 의미를 깨닫지 못한다. 부모들은 아이들에게 힘든 일을 시키지 않으려 한다. 그러나 부모가 대신 해줄 수 있는 것은 한정되어 있다. 내가 부유하다고 해서 내 아이도 반드시 부유하게 되지는 않는다.

넷째, 인간성을 회복해야 한다. 교육의 목적은 인간성 회복이다. 우리나라에서 교육은 대학에 가거나 좋은 직장을 얻기 위한 수단으로 전락했다. 사회는 나 혼자서 살 수 없고 다른 사람들과 함께 해야 한다. 따라서 아이에게 협동성, 창의성, 공정성 등을 갖게 해야 한다. 내 아이가 행복해지려면, 내 아이만을 잘 키우려고 하는 것이 아니라 다른 아이도 함께 잘 키워야 한다.

끝으로 아이들의 꿈을 존중해야 한다. 아이들이 자신의 꿈을 말할 때 주의 깊게 들어야 한다. 50년 전만 해도 스포츠 스타들이 지금처럼 많은 청소년의 꿈이 될지 몰랐을 것이다. 연예인이 청소년들의 우상이 될지도 몰랐을 것이다. 세상의 변화는 예측보다 훨씬 빠르다. 아이들은 어린 나이부터 여러 경험을 통해 자기가 하고 싶은 일에 대해 생각한다. 자신에 대한 생각과 고민을 많이 하고 있다. 아이들의 관심과 말을 경청해야 한다.

이 글은 가장 어려운 시대를 사는 아이들을 대상으로 진로 교육을 하는 이들에게 조금이나마 도움이 되려는 의도에서 썼다. 포노 사피엔스 시대라는 전무후무한 신인류를 대상으로 진로 교육을 한다는 것은 매우 어려운 일일 것이다. 더구나 이 글을 쓰는 필자들도 과거 인류일 뿐이다.

그럼에도 아쉽고 안타까운 마음을 먹물 삼아 한 자 한 자 써 내려갔다.

차례

들어가는 글_ 우리 아이들은 무엇을 원하는가? … 4

1장 · 왜 지금 다시 진로 교육인가?

신인류의 등장 … 15
신인류의 특징 … 20
포노 사피엔스 시대의 학교 교육 … 29
진로 교육의 새로운 방향 모색 … 34
포노 사피엔스 시대의 공교육 … 44
포노 사피엔스 시대의 학교 맛보기 … 52
미래로 가는 길 … 59

2장 · 아이들의 생각, 아이들의 목소리

학교에 꼭 가야 할까? … 67
불안한 시대와 공교육 … 75
공교육과 진로 교육 … 82
중요한 것은 본질이다 … 89
손대지 마시오 … 97
진로의 길을 묻다 … 104

3장 · 포노 사피엔스가 원하는 진로 교육

지금 행복하면 왜 안 돼? … 113

일어날 때까지 기다릴 수는 없나요 … 121

저는 이렇게 바뀌는 사람이에요 … 126

정말 좋아하는 것을 찾아서 … 134

우리의 시간을 존중해 주세요 … 140

힘 빼는 일은 그만 … 145

학벌이라는 망국병 … 152

4장 · 어른들을 위한 진로 교육

스스로 살아갈 수 있도록 역량을 길러주세요 … 161

아이는 작품이 아닙니다 … 167

저마다 자라는 속도가 있습니다 … 174

몸으로 하는 가르침, 공감과 배려 … 180

자기 모습으로 성장하도록 도와주세요 … 187

5장 · 행복을 찾아 떠나는 파랑새(진로 교육 사례)

학교에서는 입시 준비를 할 수 없어요. 자퇴할래요 … 195
서른 넘어도 독립 못 하는 아이라면 … 203
영권이의 가면우울증 … 208
미인선발대회에 나가고 싶은 거니? 승무원이 되고 싶은 거니? … 214
첫 아이라 걱정이 태산이에요 … 221
물리치료사? 너도 할 수 있어 … 228
음미체! 네 꿈을 그려봐 … 234
입시의 최전선에서 직업을 선택하다 … 241

나오는 글_ 선택의 기회를 주고 한 발 옆으로 떨어져서 지켜보자 … 248

1장

왜 지금 다시 진로 교육인가?

신인류의 등장

"10m 앞에서 우회전입니다."

참 신통방통하다. 이제는 내비게이션이 없으면 아예 운전을 못하겠다. 시동을 걸면 당연히 내비게이션을 켠다. 그래야 마음이 놓인다. 길잡이 역할은 물론이고 때로는 심심풀이 상대가 되기도 한다.

"좌회전하면 안 되나요?"

이렇게 말하면서 엉뚱한 곳으로 핸들을 꺾어 본다.

"경로를 벗어났습니다."

이 말을 하고 이내 곧 내비게이션은 침착하게 다시 길을 찾아 안내한다. 그래도 계속 다른 길을 찾아 달리면 목적지까지 걸리는 시간까지 순식간에 계산하여 새 길을 안내한다.

차량에 장착된 내비게이션이 없어도 스마트폰에 앱을 내려받아 사용할 수도 있다. 이쪽이 훨씬 편하고 활용 폭이 넓다.

스마트폰 하나면 못 하는 것이 없다. 말 그대로 손 안에 있는 컴퓨터이다. 이동하면서 화상회의에 참여할 수도 있고, 영상통화는 물론 전 세계 곳곳에서 일어나는 다양한 콘서트나 세미나에도 쉽게 참여할 수 있다. 동영상, 인터넷 검색, 금융 결재 등 활용 영역은 광범위하다. 이제 스마트폰은 우리 생활에서 절대적으로 필요한 존재인 것이다.

포노 사피엔스는 스마트폰 없이 살 수 없다. 이 말은 2015년 영국 주간지 〈이코노미스트〉에서 처음 등장했다.

> 일반적으로 미국인은 하루 평균 2시간 이상 스마트폰을 이용한다. 디지털 기기가 없는 곳에 머물렀을 때 가장 아쉬운 기기가 무엇이냐는 질문에서 영국 청소년들은 TV, PC, 게임 콘솔 등보다 스마트폰을 1위로 꼽았다. 또 스마트폰 소유자의 약 80퍼센트가 잠자리에서 일어나 15분 이내 문자와 뉴스 등을 확인하고 심지어 10퍼센트는 성행위 도중에도 스마트폰을 만진 적이 있다고 답했다.(『트랜드 지식 사전 5』, 김환표, 인물과사상사)

미국의 성인이나 영국의 청소년에게만 해당하는 이야기가 아니다. 한국갤럽 조사에 따르면, 이미 우리나라에서도 스마트폰 이용은 88.7%(2016년)이다. 그러니 대부분 한국인은 이미 포노 사피엔스라 해도 과언이 아니다. 길거리에서도, 카페에서도 스마트폰을 들여다보는 사람들을 흔하게 볼 수 있다. 한국 청소년뿐만 아니라 성인들도 손에는 늘 스마트폰이 있다. 스마트폰을 자유자재로 사용한다. 사용법에 능숙하거나 일상 업무에 스마트폰을 활용한다. 다만, 청소년들에 비해 성인들은 스스로 스마트폰 사용을 어느 정도 통제할 수 있다고 생각한다. 그럼에도 스마트폰을 놓는 순간 불안한 마음이 든다.

현재 지구별 대부분 지역은 포노 사피엔스나 포노 사피엔스를 닮은 인류가 차지하고 있다. 선진국일수록 이 비율은 절대적이다. 포노 사피엔스는 과거 인류와 치열하게 경쟁하는 방법으로 자신

shutterstock © Uncle Leo

의 영역을 확대하지 않는다. 스마트폰이라는 기기가 주는 편안함과 다양함에 길들여지게 하여 자신도 모르게 스마트폰 예찬론자가 되도록 만든다.

스마트폰을 손에 잡기만 하면 자신도 모르게 잠식당한다. 마치 좀비에게 물린 사람이 똑같이 좀비가 되듯 포노 사피엔스는 그렇게 과거 인류를 자신과 같게 만든다. 어느새 시도 때도 없이 스마트폰을 들여다보는 자신을 발견한다. 그럼 이미 상황은 끝났다. 심한 경우는 노모포비아가 된다.

노모포비아(Nomophobia)는 'No, Mobile-phone, Phobia'를 줄인 말이다. 스마트폰 중독 현상이다. 사전적 의미로는 스마트폰이 작동하지 않거나 가지고 있지 않으면 불안을 느끼는 현상이다. 강제로 스마트폰을 사용하지 못하게 했을 때는 폭력적인 반응이 나오기도 한다. 스몸비(smombie, 스마트폰 좀비)도 있다. 길을 걸을 때도 절대로 스마트폰에서 눈을 떼지 않는다.

여기에 코로나19는 포노 사피엔스가 확대되는 데 결정적인 역할을 했다. 코로나19는 지구에서 과거 시스템을 멈추게 했다. 그리고 전혀 다른 방식으로 지구별을 움직였다. 국경을 막고 도시를 멈추게 했다. 학생들이 등교할 수 없게 된 학교는 서둘러 온라인 체제를 갖추었다. 기업체 역시 재택근무가 일상이 되었다. 화상수업 또는 화상회의가 수천 년 동안 내려온 시스템을 대체했다.

하지만 거리를 돌아다니지 않아도 사람들은 서로 긴밀하게 연결되었다. 그들의 몸에는 보이지 않는 네트워크의 거미줄이 길게 이어졌다. 스마트폰, 태블릿PC, 컴퓨터는 몸에서 떼어낼 수 없는 필수 도구였다.

이 방식은 포노 사피엔스에게는 일상의 모습이다. 신인류인 포노 사피엔스에게 절호의 기회가 온 것이다. 지구별은 순식간에 신인류가 영역을 확장했다. 지구별에 사는 인류는 모두 세상과 연결되는 필수 도구를 장착하기 시작했다.

신인류인 포노 사피엔스. 지구별은 이들로 가득하다.

신인류의 특징

횡단보도 앞이다. 모두들 스마트폰만 들여다본다.

"이놈들아. 신호등을 봐라. 그러다가 사고 날라."

어른들은 조바심이 난다.

신호를 기다려도 고개를 들지 않는 포노 사피엔스를 위해 지자체에서는 바닥에 신호등을 설치했다. 이제는 스마트폰에 시선을 두고도 신호가 바뀌는 것을 알 수 있다. 바닥에 파란불이 켜지면 주저 없이 횡단보도를 건넌다.

대단할 것 없는 땅바닥 신호등이지만, 신인류가 지구별에 단단히 뿌리 내리고 있다는 방증이기도 하다. 코로나19로 재택 시간이 늘어나자 이들은 물 만났다. 스마트폰 하나면 일상을 다 영위할 수

땅바닥 신호등은 포노 사피엔스가 세상을 깊숙이 바꾸고 있다는 증거이다.

있다. 게다가 불편한 사람들을 만나지 않을 수도 있으니 더욱 좋다. 굳이 집 밖에 나가고 싶지 않은데 오히려 잘 됐다.

이 종족은 스마트폰을 이용하는 시간이 길다. 인터넷 환경과 연결되지 않는 곳에서는 심리적 불안을 느낀다. 그런데 대한민국은 어느 곳에서든 인터넷 환경과 쉽게 연결이 된다. 웬만한 곳은 와이파이를 무료로 제공한다. 포노 사피엔스가 살아가기에는 최적의 환경이 조성되어 있다. 온통 포노 사피엔스 세상이다.

이 종족은 스마트폰을 잘 활용한다. 내비게이션 앱으로 낯선 길을 찾아가고, 즐겨 듣는 음악을 찾아 블루투스 스피커에 연결한다. 친구의 위치를 앱으로 확인할 수도 있다. 스마트폰은 동영상, 인터넷 검색, 금융 결재 등 활용 범위가 매우 넓다.

이들에게 화상수업 또는 화상회의는 일도 아니었다. 오히려 스마트폰, 태블릿PC, 컴퓨터를 해악으로 규정하고 이들을 떼어놓으려고 애썼던 종족들에게는 곤혹스러운 일이었다. 아직도 수업 시간에 휴대폰을 지참할 것인가 말 것인가를 두고 토론하는 학교가 있다. 이미 세상은 포노 사피엔스 방식으로 변하고 있는데도 말이다. 어쩌면 포노 사피엔스는 스마트폰이나 태블릿PC를 이용하여 수업을 더 풍부하게 할 수 있는 방법을 함께 찾기를 바랄지도 모르겠다.

신인류인 포노 사피엔스는 어떤 특징이 있는가를 살펴보자.

1. 순간성(瞬間性, moment)

이들은 순간적이다. 순간적이라는 말은 '아주 짧은 시간'을 의미한다. '눈 깜짝할 사이, 잠깐 동안, 찰나'라는 극히 짧은 시간이다. 포노 사피엔스에게 '순간적'이란 순식간에 지나간다는 의미보다는 짧지만 특정한 시간을 나타낸다. '바로 그 순간'이라는 의미가 이들의 특성을 말하는 데 더 적합하다. 인류의 역사에서 이렇게 짧은 시간에 결정하고 행동하는 종족은 없었다. 이는 그들의 생활 흐름과 밀접한 관계가 있다.

학기 초 인기 강좌는 순식간에 충원된다. 좋아하는 가수의 공연도 순식간에 표가 동이 난다. 필요한 물건을 구매할 때 이것저것 고민하다 보면 어느 순간에 매진된다. 주저 없이 결정해야 한다. 그러니 이들은 순간순간이 살아가는 데 가장 중요하다. 그러다 보니 생활주기가 짧다. 그 순간을 놓치면 순식간에 도태된다. 그러니 이들에게 순간은 곧 생존이다.

길게 생각할 겨를이 없다. 기다리지 않아도 찾는 사람이 워낙 많기 때문이다. 자칫 머뭇거리다 보면 기회는 지나갈 수 있다. 빨리 결정해야 한다. 또한, 유행도 순식간에 지나간다. 인기 있는 연예인이라 하더라도 생명력이 길지 않다. 자연히 이들에게는 순간적으로 판단하고 행동하는 것이 몸에 배었다. 질문을 하고도 대답을 기다리지 않는다. 질문을 한 것이 중요하다.

'한 우물만 파라'는 속담은 이들에게는 어리석은 일에 불과하다. 그렇게 하지 않아도 세상에 즐길 수 있는 일은 너무나 많다. 또한, 자신이 하고 싶은 일도 많다. 이들에게 평생직장은 그렇게 도움이 되지 않는다. 자기가 하고 싶은 일을 하기 위해 돈을 벌고 어느 정도 필요한 만큼 돈이 생기면 주저 없이 다른 곳으로 떠난다.

이들은 긴말을 견디지 못한다. 스마트폰에 익숙한 언어생활 탓에 웬만한 어휘는 다 줄여서 쓴다.

광클: 미치도록 클릭

급질: 급한 질문

열공: 열심히 공부하다

지못미: 지켜 주지 못해서 미안하다

비번: 비밀번호

생선: 생일선물

근자감: 근거 없는 자신감

이렇게 어휘를 줄이는 이유가 무엇일까? 자기끼리만 통하기 때문일까? 그런 이유가 있기도 하지만, 무엇보다도 '바로 그 순간'이 소중한 이들에게는 약간이라도 긴말은 번거롭기 때문이다.

2. 무경계성(無境界性, no-boundary)

이들은 특별한 경계가 없다. 경계를 아예 만들지 않는다. 인위적인 구분, 경계를 인정하지 않는다. 경계란 무엇인가? 경계는 구분이요, 갈라짐이다. 지위이고 처지이다. 지역의 경계, 전공의 경계, 사람과 사람 사이의 경계를 나누다가 마침내는 내 것과 네 것이 생긴다. 그러나 이들에게 경계는 그리 중요하지 않다. 그만큼 생각이 자유롭다. 공간은 물론이고, 시간도 넘나든다.

코로나19 상황에서 우리는 이미 경계를 뛰어넘는 경험을 했다.

학생들은 원격 수업을 하면서 교실이라는 공간을 뛰어넘었다. 직장인들은 회사에 출근하지 않고도 업무를 진행했다. 같은 공간에 있지 않지만, 유명한 가수는 콘서트를 실시간으로 진행했다. 공연을 실제로 관람할 때의 감동을 모니터 앞, 내가 있는 자리에서 느낄 수 있었다.

'집콕'의 시간이 길어졌다. 그러자 랜선 만남이 유행했다. 각자 자기가 먹을 것을 들고 랜선으로 만났다. 수다 떠는 것은 같았다. 스마트폰이나 컴퓨터 기기가 있다면 가상의 공간이든, 현실이든 자유롭게 넘나든다. 이런 경험이 이들의 의식에도 영향을 미친다.

이들의 삶에는 애당초 경계란 존재하지 않았다. 가상현실, 증강현실, 혼합현실 등 가상 세계를 활용한 기술은 현실과 가상의 세계를 자유롭게 넘나드는 무경계성이 바탕이 되었다.

- **가상현실(VR): 컴퓨터로 구현된 가상의 공간에서 가상의 정보 전달**
- **증강현실(AR): 현실 정보 위에 가상 정보를 보여 줌**
- **혼합현실(MR): 현실 정보 기반 위에 가상의 정보를 융합하여 보여 줌**

포노 사피엔스에게 가상공간은 상상이 아니라 또 하나의 현실이다.

3. 개체성(個體性, individuality)

네트워크로 연결이 되어 있지만, 이들의 관계는 지극히 개별적이다. 그러나 이 개별적인 특성은 다시 서로 유기적으로 연결이 되어 있다. 그러니까 혼자 내버려 두기를 원하면서도 혼자 두면 외로워한다. 예측하기 어렵다. 그래도 이들에게 '나'는 출발이자 도착점이다. 내가 판단하고 행동한다. 항상 '나'가 기준이 되니까 이들이 생각하는 관점은 과거 인류와는 아주 다르다. 공동체라는 말은 그다지 다가오지 않는다.

이들은 모든 게 새로운 기준이다. 사실 '새롭다'라는 말도 진부하다. 그냥 살아가는 모든 것이 자신의 기준일 뿐이다. 심지어는 그 기준도 아예 없다. 이를 '뉴노멀(New Normal)'이라고 한다. 그러나 포노 사피엔스 입장에서는 굳이 '뉴(New)'를 붙여야 하는 이유를 이해하기 어렵다. 그들에게는 모든 게 새로운 기준이기 때문이다.

'뉴노멀'이라는 용어가 처음 사용된 것은 2004년 로저 맥너미(Roger McNamee)에 의해서이다. 그는 『새로운 표준: 고위험 시대의 거대한 기회(The New Normal: Great Opportunities in a Time of Great Risk)』(2004)라는 저서에서 인터넷 시대의 세계 경제를 위협하는 요소와 새로운 가능성에 대해 탐색하면서 '뉴노멀'이라는 용어로 새롭게 보편화되는 경제 환경을 정의했다.

그 이후 〈블룸버그뉴스(Bloomberg News)〉에서 언론인 리치 밀러

(Rich Miller)와 매튜 벤저민(Matthew Benjamin)에 의해서 다시 사용되다가 세계 최대 채권운용회사인 핌코(PIMCO)의 모하메드 엘에리안(Mohamed El-Erian)에 의해 언급되었다. 이후 2007년 미국의 서브프라임모기지론 사태로 촉발된 세계 금융 위기 이후 2012년까지 지속된 세계적 경기 불황의 진단과 패러다임 변화를 강조하고자 하는 의도에서 주로 사용되었다.

그러나 코로나19 사태 이후, '뉴노멀'이라는 용어는 이 감염증의 확산을 방지하기 위해 시행된 사회적 거리 두기 등의 강력한 방역 조치에 따른 전반적인 변화를 의미하기 시작했으며, 대면 접촉 서비스의 불황, 언택트 문화의 확산과 같은 새로운 사회 · 문화적 변화 양상 및 그 영향으로 새롭게 개편되는 산업구조의 의미로 널리 사용되기 시작했다.

즉, 뉴노멀이란 새로운 기준을 의미한다. 새로운 기준, 새로운 가능성은 과거의 틀을 너무나도 쉽게 깨버린다. '이것이 원칙이다'는 말은 포노 사피언스 세계에서는 금기어이다. 원칙이란 애당초 없다. 있을 이유가 없다. 각자가 선택한 네트워크에서 세상을 바라보는데 무슨 기준이 있단 말인가. 관점은 다 다르다. 달라진 상상력은 새로운 결과를 만들고 새로운 기준이 된다. 그렇다고 이것이 보편화되지도 않는다. 자기만 만족하면 된다. '덕후'끼리 공유한다. 다른 사람의 눈은 의식할 필요가 없다.

과거 종족들은 원치 않더라도 '해야 할 일'을 우선으로 했다. 눈치도 봐야 했다. 힘의 근원을 알아야 했고 그 방향으로 어떤 식으로든 가야 했다. 공동의 가치가 중요했고, 공동의 철학이 우선이었다. 하지만 신인류는 그렇지 않다. 모든 네트워크의 출발점과 종착점이 '나'인 포노 사피엔스 그 자체이다. 어디에 있든 모두와 연결되어 있기도 하고, 그렇지 않기도 하다. 누군가가 나에게 관심을 주더라도 그건 찰나이다. 어느새 관심이 다른 곳으로 넘어간다. 그러니 다른 사람의 시선 때문에 하기 싫은 일을 억지로 할 이유가 없다. 안 그래도 하고 싶은 일이 넘친다. 그걸 해야 존재감을 유지할 수 있다. 개체의 독립성이 중요하지만, 다른 개체와 수시로 연결을 할 수 있는 유연함도 있다.

포노 사피엔스는 어디에 매이지 않는다. '순간성', '무경계성', '개체성'이라는 특징은 창의성을 드러내고 동시에 행동성을 나타내기도 한다. 이는 이들의 강점이다. 다시 말해, 지금 우리 아이들의 가장 큰 장점이라는 말이다.

포노 사피엔스 시대의 학교 교육

포노 사피엔스에게 학교는 어떤 곳일까?

포노 사피엔스에게는 급변하는 상황에 대처하는 역량이 중요하다. 그러나 '급변하는 상황'은 예측할 수 없다. 상황이 발생하면 스스로 판단해야 한다. 자신에게 닥친 위기 상황을 빨리 판단하고, 여기에 어떻게 대처할 것인가를 결정하는 능력. 이런 능력은 비판적 사고력이 있어야 가능하다. 거기에 실행력과 문제 해결력이 필요하다.

이들은 네트워크를 통해 끊임없이 자가발전을 한다. 이들에게 과연 학교 교육은 필요한가? 지금 학교 안에서는 변화에 실시간으로 적응하는 포노 사피엔스를 대상으로 과거 인류가 교육을 하는

포노 사피엔스에게 경계는 의미가 없다. 온라인 수업은 이미 교실의 벽을 넘었다.
덴마크 류슨스틴 고교 학생들과 인창고 학생이 온라인으로 토론하는 장면

상황이다.

학교는 어떤 곳인가?

고구려가 소수림왕 2년에 세운 국립학교 태학(太學)은 귀족 자제의 교육기관으로 유교의 경전과 문학무예 등을 교육했다.

신라시대 교육기관 태학감(太學監)은 신문왕 2년에 설치 당시에는 국학이라 했다가 경덕왕 때 태학감이라 했고, 혜공왕 때 다시 국학이라 고쳐 불렀으며, 지배체제를 공고히 하기 위한 시대적인 요구에 따라 설치했다.

고려시대 국학(國學)은 당나라의 제도를 본떠서 국자감(國子監)으로 개편되었다가 충렬왕 1년에 원나라의 간섭으로 국자감을 국학으로 고쳤다가 다시 성균감(成均監)으로 고쳤다.

조선시대 성균관(成均館)은 지배 이념을 보급하여 유교적 소양을 갖춘 관료를 양성함으로써 왕조 체제를 유지하는 데 기여했다. 학생들의 관내 생활은 유교적 의례에 따랐으며, 대부분 자치적으로 운영되었다.

과거 이 땅의 교육기관은 체제를 유지하기 위해 지배계급들이 세웠다. 어느 시대나 학교를 세운 목적은 비슷하다. 기본적으로 그 시대의 질서를 유지 · 강화하려는 목적이 크다. 지금은 어떠한가? 이 시대에도 학교는 기득권을 유지하기 위해 존재한다. 국가 교육과정이니 교과서나 대학 입시 등은 그 존재 목적을 합리화하는 도구이다.

학교는 인류가 세운 위대한 문화유산이다. 낡기는 했지만, 장점도 많다. 학교에서 할 수 있는 교육은 무엇일까? 순간성, 무경계성, 개체성이라는 특징을 지닌 포노 사피엔스가 인간으로서 존엄하고 행복하게 살아갈 수 있는 교육으로의 전환이 필요하다.

먼저, '나는 존엄한 존재'라는 사실을 깨닫도록 돕자. 나에 대한 인식, 즉 '나는 누구인가'라는 질문이 시작이다. 이 질문은 나의 존재가 존엄하다는 걸 깨닫게 한다. 그리고 '삶에서 진짜 중요한 것은 무엇인가?' '그런 것을 이루기 위해 어떻게 해야 하나?'라는 질문이 학교 교육과정 안에 들어와야 한다. 팬데믹 상황에서 가사노동이나 의료처럼 살아가는 데 가장 기본이 되는 서비스가 중요한 시대가 되었듯이, 내가 살아갈 길은 참으로 다양하지만, 어느 길을 걸어가든 다 존엄하다는 걸 배우게 해야 한다.

둘째, 그들의 선택 모두를 소중하게 받아들이자. 목표를 세우고 거기에 도달한다고 삶이 완성되는 것은 아니다. 과거 인류는 목표를 향해 끊임없이 걸어가야 한다고 배웠다. '한 우물만 파면' 성공했다. 이제는 아니다. 더구나 이 신인류는 상상조차 자유로워 무엇이든 자기가 하고 싶은 일을 무한대로 즐긴다. 과거의 기준으로 판단할 수 없다. 살아가는 과정 그 자체가 존재의 의미가 있고, 끊임없이 확장이 가능하도록 추임새를 넣는 일을 교수 방법의 기본으로 삼아야 한다. 그들의 선택이 모두 소중하다는 걸 받아들여야 한다는 것이다.

셋째, 호기심을 갖고 이를 발전시키는 방법을 알려주자. 이들은 기본적으로 호기심이 많다. 그 호기심을 실현할 수 있는 다양한 방법을 다양한 매체를 통해 배운다. 과거의 학교처럼 경직된 교육과정으로 대한다면 신인류는 금세 등을 돌릴 것이다. 배울 수 있는 방법이 넘치는 세상에서 자신들이 가지고 있는 호기심을 발전시킬 수 있도록 학교는 체계적인 교육과정을 만들어가야 한다. 호기심은 '하고 싶은 일을 할 때' 생긴다. 과거의 기준으로 신인류를 재단하는 일은 걷어내야 한다.

끝으로 지금 행복한 삶을 살 수 있게 해야 한다. '지금'이 중요하다. 행복한 삶을 살아가기 위해 현재를 저당 잡히는 일, 특히 고3 수험생이 있으면 온 가족이 살얼음 걷듯 조심하며 지켜보는 일은 더 이상 없어야 한다. 신인류는 행복을 유예하지 않는다. 미래의 행복을 위해 현재를 참고 견디는 학교 운영을 강요하는 일은 그만 둬야 한다.

포노 사피엔스는 우리에게 끊임없이 질문을 한다.

"어떻게 살 것인가?" "당신들은 행복한가?"

포노 사피엔스에게 학교 교육은 '어떤 삶을 살 것인가'에 대해 답을 해줄 수 있어야 한다. 그들을 위해 학교 문을 열어야 한다면 무엇을 해야 하는가? 이 질문에 어떻게 답할 것인가를 고민하는 것이 바로 그들을 이해하는 출발점이다.

진로 교육의 새로운 방향 모색

코로나19를 겪는 동안 우리는 학교 교육이 새롭게 변해야 한다는 걸 알게 되었다.

학교는 두 가지 면에서 급격하게 변하고 있다. 하나는 경계 구분이 사라지고 있다. 원격 수업과 등교 수업의 반복은 시간과 공간의 구분을 무색하게 한다. 오랫동안 수업은 같은 교실에서, 동시에, 한 교사가 진행하는 방식이었다. 그러나 온라인으로 접속하는 수업은 이와는 다른 방식이다. 이러한 방식은 혁신적인 형태의 학교에서 시도했다. 칸 아카데미(Khan Academy)는 '우리는 어디서나 누구에게나 세계적 수준의 무료 교육을 제공한다는 사명'을 표방하며 온라인으로 각종 콘텐츠를 제공하고 있다. 칸 아카데미가 의도한 것은 아니지만, 코로나19로 학교가 멈추자 전 세계 학교에서 학생들에게 학습을 제공하는 방법으로 콘텐츠를 제공하고 있다.

다른 하나는 학습자 중심으로 바뀌는 것이다. 원격 수업에서는 학습자가 스스로 학교에서 제공하는 학습 콘텐츠에 접속하거나 아니면 온라인상에 널린 다양한 학습 콘텐츠를 찾아 스스로 학습해야 한다. 손만 뻗으면 누구나 쉽게 접할 수 있는 학습 콘텐츠는 학습자에게 '자기주도성'과 함께 자신에게 맞는 학습 콘텐츠를 찾아낼 수 있는 비판적 사고력을 요구한다.

2011년에 세워진 미네르바 스쿨(Minerva Schools)은 세계 유명도시 7곳에서 학업을 진행한다. 미네르바 스쿨 학장인 스티븐 코슬린은 "'강의'는 가르치는 입장에서는 아주 효율적인 방법입니다. 하지만 배우는 사람 입장에서는 최악이에요. 미네르바에는 강의가 없어요. 이런 교육과정에서 교수의 역할은 협력자(facilitator)예요. 학생들이 수업에 능동적으로 참여하고, 문제의 다양한 관점을 인지할 수 있도록 유도합니다"라고 말한다.

미네르바 스쿨의 학습은 100% 온라인으로 진행된다. 다른 학생과의 토론, 학생의 발언, 데이터베이스와 알고리즘에 입력 후 평가를 내린다. 미네르바 스쿨은 학교 건물을 짓지 않는다. 오직 학생의 성공적인 학습과 세상에 융화될 수 있도록 교육적 지원이 가능한 인프라를 제공한다.

원격 수업은 학교가 혁신적인 모습으로 도약할 수 있는 절호의 기회이다. 그럼에도 여전히 과거 패러다임이 압도적이다. 학교는 과거 인류와 신인류가 가장 첨예하게 맞붙는 곳이다. 대면 수업과 비대면 수업이 반복되면서 온라인 수업에 익숙해진 10대들과 여전히 대면 수업에 대한 향수를 뿌리치지 못한 기성세대의 교사들이 만난다.

자녀가 학교에 입학하면 부모는 아이의 삶에 그대로 동기화된다. 지나치면 자신도 모르게 아이의 삶을 조종하고 싶어 한다. 더 심한 경우는 자기 생각대로 아이를 디자인한다.

"너희는 아직 어리니까 세상을 잘 몰라서 그래."

"내가 살아보니 그렇더라. 그러니 내 말대로 해."

신인류가 그들의 네트워크를 바탕으로 포노 사피엔스로서 실력을 갖추어 나가고 있어도 인정하려 들지 않는다. 부모는 아이들이 부모 말대로 따르고 행동해야 한다고 믿는다.

이렇게 되면 더 이상 아이들은 진로를 고민하지 않는다. 엄마, 아빠가 다 해주고 있으니 굳이 고민할 필요가 없다. 이런 아이들은 누가 진로 계획을 물어보면 '모른다'고 말한다. 굳이 말할 필요가 없다고 생각한다. 어차피 부모가 자신의 말을 듣지 않을 것이라고 믿기 때문이다. 차라리 부모가 원하는 대로 대답하는 게 편하다는 걸 일찍 배우고 부모의 기대에 어긋나지 않게 대답한다. 그러나 막상 행동은 지극히 수동적이거나 심한 경우에는 자기만의 세계에 완전히 들어가 나오지 않기도 한다.

고등학생이 되면, 대학 입시라는 큰 장벽을 만난다. 이 장벽은 지나치게 견고하다. 신인류는 주춤거린다. 부모든 학생이든 대입이 운명을 건 진로의 모든 것이라고 합의하는 것처럼 보인다. 학교는 더더욱 포노 사피엔스들에게 과거 체제로 들어오기를 강력하게 권고한다. 진학이 곧 진로이며, 국어, 영어, 수학 등 주지 교과 중심인 학교 공부와 대학수학능력시험에서 상대 우위의 점수와 등급을 받으면 취업과 경제력 등에서 유리하고 윤택한 삶을 보장받을 것이라 말한다.

과거 인류는 아이의 삶에 과도하게 개입한다. 아이의 희망이나 선택은 무시하고 부모가 원하는 대로 하기를 요구한다. 이는 아이가 성인이 되어도 변하지 않는다. 삼포 세대니, 오포족이니, 캥거루족 등등의 말은 포노 사피엔스 시대에도 여전히 위력이 크다.

'IMF 사태'는 과거 종족이 겪은 큰 충격이었다. 이 기억은 이후로 오랫동안 사회적 트라우마로 남았다. 고속 성장을 멈추지 않았던 우리나라는 1998년에 큰 어려움을 겪는다. 바로 'IMF 사태'라고 부르는 경제적 대 몰락이다. 대기업들이 줄줄이 도산하고, 기업 구조조정으로 많은 사람이 일자리를 잃었다. 1998년도의 실업자 수가 150만 명에 이르렀다. 노숙자가 넘쳐났고, 가난을 못 이겨 스스로 목숨을 버리는 사람이 증가했다. 이 당시의 중요한 목표 중 하나가 직장을 구하는 것이었다. 공부를 하는 목적도 취업이 우선이었다.

'IMF 사태'는 우리 사회에서 인재를 바라보는 눈도 바꿨다. 기업은 전문 능력을 갖춘 인재를 요구하기 시작했다. 그러니 사람들은 저마다 전문성을 갖추어야 했다. 안정적인 기업에 들어가는 것이 목표였지만, 그렇다고 입사가 그리 쉽지는 않았다. 대기업이 요구하는 전문적 능력을 갖추기에는 사회적 인프라가 미비했다.

믿을 곳은 학교밖에 없었다. 학교는 사회적 요구에 따라 체계적인 진로 교육이 필요하다는 걸 인식하게 되었다. 학교 교육과정에 진로 교육을 포함했다. 학교에 진로상담 교사를 배치했고, 진로 교과목도 만들었다.

진로 교육은 학생들이 직업적성을 탐구하고 이를 바탕으로 사회에 있는 직업을 중심으로 체험활동을 하는 것으로 진행이 되었다. 대규모 직업박람회가 열리고 수많은 학생이 진로 체험이라는 이름으로 짧게나마 직업을 체험했다.

고등학교 교육은 다양성을 갖게 되었다. 특수목적고가 생겨 과학고, 외국어고는 물론이고 체육고, 국악고, 예술고 등 다양한 교육과정을 운영하는 학교들이 생겼다.

그러나 교육의 변화와는 달리 이 시대에 개인이 느끼는 공포는 더 컸다. 하루아침에 직장에서 쫓겨나자 생계는 막막해졌다. 특히 사회적 약자일수록 그 고통은 더 심했다. 직업군이 다양하지 못한 시대이다 보니 안정적인 직업군을 향한 갈망이 그 어느 때보다도 컸다. 안정적인 직업군을 향한 갈망은 모든 학생을 상급학교 진학 경쟁으로 몰아넣었다.

"구조조정 들어갈 때 가장 늦게까지 살아남은 사람들은 그래도 경영학과 출신들이더라."

"의사나 법관들이 가장 수입이 좋다."

성적이 좋은 아이들은 경영대, 의대, 법대로 몰렸다. 공부를 조금이라도 잘한다는 아이들은 몇 번이라도 다시 도전하여 기어이 그런 학과에 들어가려고 했다.

이 과정에서 애당초 다양한 교육과정 운영을 목표로 개설한 고등학교는 대학 진학에 목매달고 오직 공부선수를 육성하여 명문대 진학에만 몰두하게 했다.

해마다 졸업식장에는 명문대 합격자 이름이 현수막으로 걸렸다. 졸업식은 그들만의 잔치였다. 많은 아이들은 씁쓸한 표정으로 그들이 '모교를 빛낸 소식'을 듣고 또 들었다. 심지어는 교육청에서도 대학 합격자를 조사했다.

"공부하기 싫으면 기술이나 배우든지."

"너 공부 못하니까 그냥 특성화고 가는 게 어때?"

"저는 공부 안 하고 그냥 예체능계 진학하려고 합니다."

성적이 좋지 않은 아이들에게는 노골적으로 특성화고에 가서 기술을 배우라고 했다. 공부라는 말의 상대어로 '기술', '특성화고', '예체능계'를 사용했다. 이 말은 사회적 차별이고 혐오를 낳게 된다는 걸 몰랐다.

공부(工夫)의 사전적 의미는 '학문과 기술을 배우고 익힘'이다. 기술을 배우는 것이나, 음악, 미술을 선택하거나 체육 활동이 모두 공부이다. 그런데 갈수록 공부라는 말을 제한적으로 사용했다. 자녀에게 이런 말도 했다.

"책 읽지 말고 공부해!!"

포노 사피엔스가 지구에 영역을 확장하는 요즘에도 여전히 대한민국은 이 트라우마가 강하다. 크게 변하지 않았다. 아직도 '공부'라고 하면 책상에 앉아 문제집을 풀고 있는 모습을 당연하고 자연스럽게 떠올린다.

포노 사피엔스가 세상을 야금야금 바꾸고 있어도 과거 종족은 변화를 눈치채지 못한다.

월드컵 대회가 열린다. 우리나라 출신으로 세계적인 선수들도 있다. 어린 나이에 시작할수록 세계적인 선수가 될 확률은 높다. 실력이 뛰어난 선수는 여러 구단에서 스카우트를 하려고 한다. 팬

코로나19는 e-스포츠계에도 날개를 달아주었다. 지자체에서도 e-스포츠 전용 경기장 설립을 많이 하고 있다. 과거 종족은 컴퓨터 게임도 스포츠냐고 반문하지만 이미 전 세계적으로 어마어마한 규모를 자랑하고 있다.

층도 어마어마하다.

앞의 이야기가 e-스포츠 이야기라면 과거 종족들은 뜨악할 것이다. 프로리그가 있는가 하면 실력 있는 프로게이머들은 어마어마한 연봉을 받는다. 조금이라도 인기 있는 경기는 순식간에 매진된다. 전통적인 스포츠와 차이가 없다.

과거 종족과 포노 사피엔스가 e-스포츠를 바라보는 관점은 매우 다르다.

게임은 순전히 내 실력으로 한 단계 한 단계 나아간다. 레벨(level)을 올리기 위해 몇 날 며칠을 꼬박 새운다. 그래도 한 단계씩 업그레이드될 때 성취감은 너무나 매력적이다. 포노 사피엔스들이 밤새도록 게임에 몰두하는 이유이기도 하다. 그러나 이러한 매력을 이해하기 어려운 부모들은 게임을 무조건 죄악시하여 못하게 한다.

감염병 시대는 가급적 모이지 말라고 한다. 그렇다고 연결의 끈을 놓을 수는 없다. 온라인 만남이 반복되다 보니 우리는 스스로가 사고의 출발점이며 최종 정착지라는 사실을 분명하게 알았다. 아무리 콘텐츠가 매력적이라 해도, 교수자들이 수업 참여를 독려한다고 해도 결국은 학습자 스스로 접속을 해야 시작이 된다.

개인의 주도성이 그 어느 때보다 중요하다. 과거의 교육 방식은 한계가 드러났다. 이러한 시대에 진로 교육은 무엇을 해야 하는가? 아니다. 좀 더 구체적으로 질문을 바꾸자. 포노 사피엔스를 대상으로 하는 진로 교육은 어떠해야 하는가?

과거에는 사다리 위로 올라가는 방법을 추구했다면 이제는 우리 사회를 유지하고 안전하고 건강하게 만들 수 있도록 방향을 바꾸어야 한다. '잘' 살아야 한다가 아니다. 말 그대로 생존의 의미인 '살아야 한다'가 지상과제이다. 즉, 이 시대에 진로 교육이란 '살아가는 방법'을 알려주는 것이어야 한다

포노 사피엔스 시대의 공교육

진로 교육이 '살아가는 방법'을 알려주는 것이라면, 공교육은 어떤 역할을 해야 할까?

한 학생이 학교에 나오지 않았다. 1교시 수업이 시작되었는데도 아이의 모습은 보이지 않았다. 종종 있는 일이라서 기다려보았다. 3교시가 끝날 무렵 아이가 나타났다. 학생이 교실에 도착했다는 걸 확인하고도 특별한 말을 하지 않았다. 묻지 않아도 자초지종을 알 수 있기 때문이다.

부모의 이혼으로 할머니와 살고 있는 아이는 생활비를 보태기 위해 학교 끝나고 아르바이트를 했다. 이 아이가 학교에 오는 이유는 두 가지였다. 점심을 먹는 것과 졸업장이 필요해서다. 이 아이에게 공교육은 어떤 의미일까?

교육법에는 '교육은 홍익인간의 이념 아래 모든 국민으로 하여금 인격을 완성하고 자주적 생활 능력과 공민으로서의 자질을 구유(具有)하게 하여 민주국가 발전에 봉사하며 인류공영의 이상 실현에 기여하게 함을 목적으로 한다'고 되어 있다. 그러니까 우리나라 교육은 '인격의 완성', '자주적 생활 능력', '공민으로서의 자질 구유', '인류 공영의 이상 실현에 기여'가 목적이다. 국가가 추구해야 할 교육 목적이니 공교육은 이 네 가지를 목적으로 한다는 것을 알 수 있다. 즉, 공교육은 인격의 완성과 사회 일반 공동체 생활의 주체로서의 독립적 개인을 기르는 데 힘을 써야 한다.

코로나19 바이러스 확산은 공교육의 역할을 더욱 강조하고 있다. 원격 수업은 학교가 겪은 가장 큰 변화이다. 사회학자나 미래학자들이 코로나19로 인해 인류사회가 큰 변화를 겪을 것이라고 하는 예견이 언론에 많이 보도되었다. 바야흐로 '언택트'(untact, 접촉이 없는 또는 비대면) 시대로 빠르게 전환될 것이라 한다. '언택트 소비', '언택트 마케팅', '언택트 서비스' 등이 유행하고 있다. 학교의 원격 수업도 결국은 '언택트 수업'인 것이다.

일부 성급한 사람은 '학교의 무용론'에 대해 말을 하기도 했다. 수업을 원격으로 진행하니 교실이 필요 없어지고, 아이들이 학교에 가지 않으니 학교가 필요 없다는 것이다. 이는 학교가 단순히

'지식을 전달하는 장소'로만 여기는 사람들의 논리이다. 앞에서 공교육의 역할이나 목적에서 서술한 바와 같이 교육은 단순히 지식을 전달하는 것만이 아니고, 올바른 인간을 기르는 것을 목표로 하고 있다. 인류사회를 유지하고 발전시키는 인간을 육성하는 것이 학교가 하는 일이다.

학교는 지식을 가르치는 일 외에도 학생들을 돌보는 일도 한다. 앞으로 상담도 AI가 담당할 것이라는 주장이 있기도 하지만, 아직은 교사의 역할이 더 크다. 상담은 교감을 통해 아픔과 상처를 어루만지고 새롭게 일어설 수 있도록 도와주는 일이기 때문이다

공교육이란 무엇인가? 먼저 '공교육'의 의미를 살펴보자. 어느 교육청이 공교육의 표준을 만들겠다며 다음을 주요 정책과제로 제시했다.

1. 학생 중심의 수업혁신
2. 자율과 책임의 학교민주주의 정착
3. 참여와 소통으로 공감받는 교육 실현

다른 시도 교육청에서도 비슷한 정책을 추진하고 있는 것으로 보아 공교육 표준이란 '수업혁신과 학교민주주의, 참여와 소통'으로 짐작이 된다.

공교육은 공적 재원으로 운영된다. 공적인 재원이니, 국가에서 재정을 포함한 각종 지원을 받는 모든 교육기관은 공교육의 범주에 속한다.

공교육이라는 단어가 직접 들어가 있는 법률은 〈공교육 정상화 촉진 및 선행교육 규제에 관한 특별법〉이다. 제1조에 '공교육을 담당하는 초 · 중 · 고등학교'라는 말이 나온다. 일반적인 학교 교육[1]을 뜻한다. 공적인 재원 투자의 목적은 공익 추구에 있으니 공교육의 목적 역시 같다고 볼 수 있다. 공익의 범위가 넓으니 이를 교육적 공익으로 한정한다.

교육적 공익은 〈교육기본법〉 제2조에 따라 '인간다운 삶을 영위함, 민주국가 발전과 인류공영의 이상 실현'이라고 할 수 있다. 또한, 동법 제9조 ①항은 유아교육 · 초등교육 · 중등교육 및 고등교육을 하기 위하여 학교를 둔다고 했다. ②항에서 학교는 공공성을 갖는다고 하였다.

〈헌법〉 전문에 '안으로는 국민생활의 균등한 향상을 기하고 밖으로는 항구적인 세계평화와 인류공영에 이바지함으로써 우리들과 우리들의 자손의 안전과 자유와 행복을 영원히 확보할 것'이라고 명시하고, 제31조 ②항은 '모든 국민은 그 보호하는 자녀에게 적어도 초등교육과 법률이 정하는 교육을 받게 할 의무를 진다.'

---

1 이 글에서 '학교 교육'이란 초 · 중등교육법이 적용되는 교육기관을 의미한다.

③항은 '의무교육은 무상으로 한다.' ⑤항은 '국가는 평생교육을 진흥하여야 한다.'라고 말하고 있다.

결국 공교육이란 학교 교육과 평생교육을 포함하고 있음을 알 수 있다. 즉, 공교육이란 '인간다운 삶을 영위하고 민주국가 발전과 인류공영의 이상을 실현할 수 있도록 공적재원을 투자하여 운영, 관리하는 교육체제'로 정의할 수 있다.

공교육은 그 사회에 속한 모든 사람이 보편적 삶을 살아갈 수 있도록 공적으로 운영, 관리하는 교육체제이다. '모든 아이가 우리 아이'라는 말이나 '한 명의 아이를 키우는 데 온 마을이 필요하다'는 말은 교육이나 돌봄의 공적 역할을 잘 보여주고 있다.

신인류인 포노 사피엔스에 속하는 우리 아이들이 감염병이 창궐하는 시대에 잘 적응하는 것은 컴퓨터 기기를 사용하는 데 두려움이 없기 때문이다. 그러나 이들 중에는 살아가는 데 가장 기본적인 의식주 해결에도 급급한 아이들이 있다. 포노 사피엔스가 언택트 사회에 잘 적응한다고 안심하다가 이 사회에서 정작 기본적인 삶조차 영위하지 못하는 이들을 놓쳐서는 안 된다. 삶의 격차는 곧 사회적 격차로 나타난다. 국가는 이 격차를 해소하기 위해 노력해야 한다. 포노 사피엔스에게도 공교육이 중요한 이유이다.

코로나19는 학교뿐만이 아니라 인류 사회도 불안하게 만들고 있다. 각국의 지도자는 각각의 역량으로 국민을 안정시키기 위해 노력하고 있지만, 사람들의 불안은 여전히 사라지지 않는다. 미국은 이런 사회 불안으로 폭력적 시위가 발생하기도 했다. 경찰들의 흑인에 대한 과잉 진압으로 시작된 인종차별 반대 시위가 사회적 약탈로 변질되는 상황들이 보도되기도 했다. 이는 사람들의 불안이 사회 전체의 불안으로 번짐으로써 일어나는 현상이다. 프랑스나 영국 등에서도 지도자들의 리더십에 불만을 품고 시위가 일어나기도 했다. 시민 의식이 발달했다는 선진국에서 일어나는 이런 양상은 결국 사회가 당황하고 있다는 것을 보여준다. 시민사회 전체가 문제에 대응하는 방법을 찾아내지 못하고 우왕좌왕하는 것이다.

왜 이런 현상이 일어나는 것일까?

첫째는 사회의 도덕성이 사라졌기 때문이다. 우리는 물질만능주의 시대에 살고 있다. 아니 정확히 말하면 자본 중심 사회에 서 있다. 사람보다 자본이 우선되고, 도덕보다 물질이 우선되고, 인간관계도 자본의 흐름이 좌우하기도 한다. 염치와 예의보다는 자본과 권력이 우선이다. 사회를 형성하거나 유지하는 데 필수적인 도덕(규범)이 효력을 발휘하지 못하는 경우가 많다. 도덕성을 잃은 사회는 국가 공권력으로 질서를 유지하기 벅차다. 작은 혼란으로도 바로 붕괴 직전까지 가는 당황스러운 모습을 보이는 것이다.

둘째는 사회 안에서 존재했던 공동체의 붕괴 때문이다. 과거에는 공동체 안에서 서로 도움을 주고받으며 건강한 사회를 이끌어 갔다. 말 그대로 기쁜 일은 함께하고, 슬픈 일은 서로 나누었다. 굳건한 공동체가 개인의 아픔이나 불행을 치유하는 공간이 되기도 했다. 그러나 근대화 이후 이러한 공동체가 붕괴되고 있다. 타인의 슬픔이나 아픔을 보듬기보다는 '나만 아니면 돼' 또는 '타인의 불행은 나의 행복'이라는 인식이 확산되고 있다.

셋째는 리더십의 부재 때문이다. 예전에는 사회에 어른이 있었다. 대부분의 국민이 존경할 만한 어른이 있어 사회가 어려우면 그 어른들이 나서서 사람들을 이끌었다. 그러나 지금은 정치적 지위가 높은 사람이나, 경제적으로 부유한 사람이 예전보다 많지만, 어른은 찾아보기 힘들다. 사회적 리더라고 자처하거나 일부 세력에 의해 인정받는 사람도 어른으로는 대접받지 못한다. 이런 가운데 공익보다는 사익이 우선하고, 다른 사람보다는 내가 먼저인 사회에서 서로 치열한 경쟁으로 빠져든다.

포노 사피엔스는 매일 쏟아지는 새로운 지식에 노출되어 있다. 인터넷상으로 접하는 지식의 양은 상상을 초월한다. 이미 학교에서 가르치는 지식보다 인터넷에서 배울 수 있는 지식이 훨씬 많다. 이제는 이 많은 지식을 학생 스스로 선택하고 배워야 한다. 이렇게 스스로 배우는 힘은 어려서부터 꾸준히 익혀야 키울 수 있다.

모든 지식이 좋은 정보는 아니다. 그러나 새로운 지식 중에서 많은 것이 인간의 삶에 필수적이다. 중요한 것은 삶에 필수적인 정보를 찾아내는 능력이다. 결국 삶의 격차는 필수적인 정보를 찾아내는 능력에서 비롯된다. 공교육은 모든 아이가 필수적인 정보를 찾아낼 수 있도록 해야 한다.

포노 사피엔스 시대의 학교 맛보기

우리는 코로나19 덕분에 포노 사피엔스 시대의 학교를 미리 경험했다. 인류가 지금까지 경험한 적이 없는 학교. 원격 수업과 등교 수업의 반복. 학부모들도 마찬가지였다. 아이가 학교에 가지 않으니 여러 가지로 걱정스럽다.

학교가 문을 닫았던 코로나19 상황의 초창기 어느 날이었다. 그날 산책길에서 스쳐 지난 두 분의 대화에서 이러지도 저러지도 못하는 학부모의 모습을 볼 수 있었다.

낮은 산을 넘으면 오목한 골짜기가 나온다. 거기에 제법 넓은 저수지가 있다. 풍광이 좋고 걷기 편하니 사람이 많이 몰린다. 그날도 마찬가지였다. 마스크를 단단히 쓰고 모자를 꾹 눌렀다.

"언제까지 그러나 두고 보자."

"언젠가는 학교에 가겠지."

"눈에 보이지 않아야 마음이라도 편하지."

2~3m 앞에서 걷던 두 분의 목소리가 크다. 아이들 이야기라 귀에 쏙 들어온다. 걷는 방향이 같다 보니 뜻하지 않게 엿듣는 모양새다.

이야기 속의 아이들은 둘 다 고3이었다. 열전과 냉전이 무수히 반복되었던 것 같다.

"다 알아서 한다는데, 자기가 뭘 알아서 한다는 거야."

"우리 애도 그래. 속 터져."

집에 있는 아이들을 지켜보는 부모도 속이 터지고, 집에서 공부하는 아이도 속이 터질 것이다.

"선생들은 뭐 하는 거야. 아이들이 제대로 하는지 확인해야 할 것 아냐?"

갑자기 불똥이 교사들에게 튄다. 이럴 때는 선생님도 아니고, 교사도 아닌 그저 '선생'이다. 어째 아이들 이야기의 끝은 늘 학교인지 모르겠다. 학교가 담당해야 할 몫이 어디까지인지 답답하다. 산책길이 고구마를 먹고 물을 마시지 않은 것 같다. 이해는 한다. 고3 아이가 집에만 있으니 얼마나 안타까울까. 하지만 학교도 마찬가지이다. 무얼 특별하게 할 수 있는 방법이 없다. 서로들 지켜보고 있어야 했다.

하지만 코로나19는 기회였다. 준비가 덜 된 상황에서도 온라인 수업을 한 것은 멋진 시도였다. 온라인은 사용자가 접속해야 시작한다. 게임이든 공부든 일단 스타트 단추를 눌러야 한다. 이후 부딪히는 문제는 스스로 해결해야 한다. 아이들은 이런 시스템에 익숙하다. 문제는 어른이다. 개방적이면서도 공간과 시간을 뛰어넘는 연결성을 이해할 수 없으니 온라인 학교도 기존의 학교와 똑같이 생각한다. 등교 수업처럼 조종례를 통해 출석을 확인하고 교과 수업에서 요구하는 과제물을 제출하라고 하거나 각종 전달사항을 알려주는 데 그친다. 온라인의 장점을 이용해 다양한 형태로 만남을 확장할 수 있는 방법을 찾지 못한다. 대면 수업 방식, 교실 수업에 익숙한 사고로는 다양한 콘텐츠와 피드백, 확장성을 만들어가는 수업도 탐탁지 않아 보인다.

처음에는 다들 우왕좌왕했다. 코로나19의 공포가 너무 컸기에 충분히 '거리 두기'를 하고 대면 수업을 할 수 있어도 원격으로 수업을 했다.

마침 대학에서는 평가기준을 바꾸었다. 코로나19 상황에서는 절대평가를 하기로 했다. 그러니 학생들의 참여도와 도달도에 주목하면 된다. 이미 과정중심으로 평가를 하겠다고 학생들에게 말했고, 수업 참여도와 과제를 통해서 수업에 대한 열정과 도달도를 확인하고 있다. 잦은 피드백으로 이제는 대면 수업과 비슷한 정도로 친근감이 생겼다. 대학본부는 필요할 때마다 2쪽 이내의 지침을 이메일로 안내를 했다. 수업 형태와 평가는 강사와 학생들이 협의하여 처리한다. 다만, 학기 말에 교 · 강사에 대한 평가가 있으니 거기서 강의 만족도는 결정되리라.

고등학교는 유연하게 결정할 수 없었다. 학생 선택에 따라 30명이 넘어가는 과목도 있다. 학교에 넓은 공간이 없으니 과목별로 수업 교실을 배정하기가 어렵다. 고등학교는 과목선택제로 수업을 한다. 학생들은 선택과목에 따라 교실을 이동한다. 종일 자기 교실에만 앉아 수업하는 경우는 그리 많지 않다. 학생들의 좌석배열도 다양하다. 그러나 코로나19는 이마저도 제약하고 있다. 실험실습이나 토론 위주로 수업을 하는 교과에서도 앞을 바라보는 일렬 형태로 좌석을 배치했다. 모둠수업은 꿈도 꾸지 못한다. 서로 토론하는 것도 조심스럽다. 일어나서 돌아다니며 수업할 수도 없다.

온라인에서는 모둠수업을 자유롭게 할 수 있다. 수업 형태도 다양하다. 교사와 학생의 상호작용이 활발하다. 그리고 학생과 학생의 협동은 물론이고 궁금한 내용은 인터넷으로 검색을 하여 확인하기도 한다. 어른들이 다니던 시절의 학교 모습과는 매우 다르다. 그때 생각으로 지금의 교실을 바라보아서는 안 된다.

"교사가 지식 전달자의 역할만 하는 것 같아요. 지식 전달 중심으로 흐르는 것이 교육의 본질과 상충하는 것 같아 너무나 아쉬웠어요."

원격 수업의 아쉬움에 어느 선생님이 하신 말씀이다. 교사들에게 원격 수업은 '수업'이다.

"온라인에서도 혁신학교답게 학생들에게 역할을 부여하고 협력 기반 학습을 할 수 있는 모형을 시도하고 있습니다."

그래도 코로나 시대가 있어 우리는 원격 수업과 등교 수업을 병행하는 경험을 했다. 갑작스러운 변화에 대한 적응과 준비를 위한 시간과 도구도 제대로 갖추지 못한 상태에서도 교사들은 서로 묻고 연구하면서 여기까지 왔다. 처음에는 온라인상에 자료를 올리는 일이 급선무였지만, 이제는 수업의 질을 고민하고 있다.

우리 학교는 4월 말에 전 교사가 참여하는 수업나눔을 열었다.

"우리가 모두 원격 수업을 처음 하잖아요. 다 같은 입장입니다. 자기 수업에 초대하여 서로 살펴보는 거예요."

"우리 그동안 같은 교과끼리는 많이 했어요. 이번에는 같은 학년끼리 모둠을 나누되 교과담임과 학급담임으로 온라인에서 아이들을 만났던 경험을 나누면 어떨까요?"

"그거 좋네요."

모둠별로 나눈 이야기 주제는 세 가지였다. 1) 다른 선생님의 클래스룸 참관을 통해 배운 점, 2) 원격수업을 하면서 어려웠던 점,

3) 원격수업을 하면서 배운 점과 발전을 위한 제언.

원격 수업이라는 새로운 형식 때문인지 교사들의 대화는 어느 때보다 진지했다.

"오히려 비밀 댓글을 아이들이 더 편하게 여겼어요. 온라인이 학생과 교사가 1:1로 만나는 느낌이라서 그런지 아이들이 질문을 많이 합니다. 공개 댓글보다 비밀 댓글을 이용하여 자기 속마음을 이야기하는 경우가 많아요."

"제가 들어갔던 수업에서 선생님은 학생들이 선택할 수 있도록 과제를 제시했어요. 학생들은 자신이 원하는 과제를 풀어가면서 수업 내용과 연결하다 보니 영상, 과제, 글쓰기가 연계되는 모습을 발견할 수 있었죠."

"저는 우리가 쓰는 클래스룸을 계속 쓸 생각입니다. 퀴즈를 이용하면 성취에 대한 통계자료를 얻을 수 있으며, 등교 수업을 대체할 수도 있을 것 같습니다."

교사들의 이야기가 진지할수록 교육부나 교육청에서 열리는 미래교육 담론이 초라하게 보였다. 교사들은 낡은 교실이지만 거기에서 공간과 시간을 열며 미래교육을 시작하고 있었기 때문이다.

우리는 인터넷에 개별 학교를 만들었다. 코로나19가 아니더라도 온라인과 오프라인에서 자유자재로 교육 활동을 하면 된다. 블렌디드 수업이 자연스럽게 진행되도록 기존의 학교에도 확장성을 확보하면 그게 바로 미래 교실이다. 거창할 이유가 없다. 당장 교실마다 인터넷을 자유롭게 이용할 수 있게 하고, 각자 가지고 있는 태블릿PC로 자료를 찾고 수업을 한다면 아이들의 세계는 곧 어마어마한 크기로 확장될 것이다.

포노 사피엔스에게 학습은 무한한 확장성으로 나타난다. 코로나 19 시기는 잠깐 이 확장성을 맛만 보여주었을 뿐이다.

미래로 가는 길

부모는 아이가 항상 어린아이로 있기를 바란다. 그래서 조선시대에는 나이 60, 70이 넘은 어른이 더 나이 드신 부모님을 기쁘게 해드리기 위해 색동옷을 입고 춤을 추었다고 한다. 참으로 효도가 지극했다. 요즈음 아이들이 이런 것을 반만 따라 해도 지극 정성스런 효자로 소문이 자자할 것이다.

하지만 그런 기대를 하지 말자. 이미 우리는 하룻밤 사이에도 새로운 것이 개발되고 끊임없이 어제와는 다른 문명을 만나는 경험을 하는 시대를 살고 있지 않은가? 하룻밤 자고 나면 새로운 것이 개발되고, 또 하루가 지나면 아예 다른 세상이 펼쳐진다. 그러니 나와 대략 20~30년이나 차이 나는 아이에게 조선시대의 사례를 이야기하면 그저 '꼰대'라는 소리밖에 들을 것이 없다.

컴퓨터 게임을 매우 잘하는 아이가 있었다. 지금으로 말하면 '게임중독'이라 부를 만했다. 아이의 어머니도 걱정을 많이 했다. 그 아이와 6개월에 걸쳐 상담을 했다. 상담 중에는 아이의 마음을 돌리기 위해 아이가 좋아하는 게임을 같이 하기도 했다. 그러면서 그 아이가 컴퓨터에 재능이 많다는 것을 알았다. 당시만 해도 프로그래밍이 크게 발전하지 않은 때였기에 아이의 관심을 게임에서 프로그래밍으로 돌리려고 노력했다.

어머니에게 이 말씀을 드렸더니 컴퓨터를 하지 못하게 해달라고 했는데, 왜 계속하게 하냐며 크게 실망했다. 어머니의 희망은 아이가 의사가 되는 것이었다. 그러나 아이는 수학이나 영어보다는 컴퓨터에 더 흥미를 갖고 있었고, 컴퓨터나 애니메이션 관련 직업을 선택하고 싶어 했다.

몇 년 뒤 그 어머니를 다시 만났다. 그런데 매우 고맙다고 몇 번이나 머리를 조아렸다. 그 아이는 대학에서 컴퓨터를 전공했고, 4년간 장학생으로 졸업했으며, 석사학위를 받았고, 박사과정에 재학 중이라 했다. 컴퓨터를 활용한 융합과학을 전공했다. 중학생 때 그 아이가 MIT에 유학하는 것이 꿈이라고 내게 말했던 기억이 난다. 당시 아이의 성적으로는 기대하기 어려웠던 일이 현실로 이루어질 것 같은 생각이 든다.

어머니와 헤어진 후 생각이 꼬리를 물었다. 그때 내가 그 아이의 말을 충분히 존중해주지 않았다면 어땠을까? 과연 의사가 되었을까? 그것은 아무도 모를 것이다.

아이와 진로에 대한 이야기를 나눌 때 어른들은 '부모의 시대'를 잊어야 한다. 이미 문명과 사회의 모습이 변했기 때문이다. 부모가 살아온 '부모의 시대'는 아이가 살아갈 '아이의 시대'와 다르기 때문이다. 아이의 삶에 참고는 될 수 있지만, 아이가 살아가는 사회가 될 수는 없는 것이다. 이제 우리는 '부모의 시대'를 잊어야 한다. 아이들의 시대는 아이들이 만들어가야 한다.

지금도 우리 사회는 '부모의 시대'를 사는 아이가 많다. 어렸을 때부터 그렇게 길들어서 그것이 잘못된 것인지 잘하는 것인지의 판단조차 하지 못한다. 부모의 계획에 따라 세운 시간표대로 학원을 가야 하고, 공부를 해야 한다. 대학교는 물론이고 취업까지도 부모의 계획대로인 경우도 있다. 아이들의 '자기 결정 능력 장애'가 만들어지고 있다.

이런 아이들은 성인이 되어도 결정 장애를 갖는다. 사고와 판단에 한계를 갖게 되는 것이다. 한동안 우리 사회를 떠들썩하게 했던 '헬리콥터 맘'도 이런 경우이다. 부모가 자기 시대를 고집함으로써 나타나는 현상이다.

사실 우리나라 중·고등학교의 아이들은 많은 혼란을 겪는다.

자기가 생각하는 미래 사회와 부모가 생각하는 미래 사회의 차이도 이에 해당한다. 그러나 부모가 가지고 있는 정보는 한계가 있다. 앞서 말한 대로 한 세대 이전의 정보이거나, 부정확한 경로를 통해 수집한 것이거나, 단순히 부모의 희망인 경우가 많다. 정작 중요한 아이의 생각, 꿈, 고민은 반영되지 않는다.

아이들의 정보 네트워크는 우리가 생각하는 것보다 넓고 다양하다. 이것이 우리와 다르게 생각하고 다르게 사고하는 원동력이다. 그들의 관점이나 살아가는 방법이 급격히 달라지고 있다.

현재의 나는 수많은 선택의 결과로 만들어졌다. 선택하고 실패하고 넘어지고 일어나면서 스스로가 만든 것이다. 삶의 문턱에서 만나는 수많은 길 중에서 끊임없이 선택을 했고, 그 선택의 결과가 오늘의 '나'이다. 우리 아이들도 마찬가지이다. 삶에 정답은 없다.

우리는 어려서부터 학습을 했다. 우리뿐 아니라 우리의 할아버지에 그 할아버지에 할아버지…. 인간은 이 지구상에 살기 시작하면서부터 끊임없이 학습을 했다. 그래서 오늘날까지 생존하고 있는 것이다. 그러나 시대에 따라 학습의 내용은 달랐다. 우리가 알고 있는 고조선부터 삼국시대를 거쳐 고려와 조선시대, 그리고 일제 침략기와 산업화 시대를 지나 오늘에 이르기까지 배우는 내용은 같은 듯하지만, 항상 달랐다.

지금까지는 아이들이 어른들에게 배웠다면 이제는 아이들에게 배워야 하는 시대가 되었다. 이제 어른들이 가르치는 시대는 끝났다. 어른들이 배워야 하는 시대가 되었다. 그렇다면 아이들의 목소리를 들어야 한다.

2장

아이들의 생각,
아이들의 목소리

학교에 꼭 가야 할까?

교문에 들어서자 시계를 보니 시작 시간에서 1분이 지났다. 휴대폰이 울린다. 담임 전화다. 1분도 못 참나 보다. "너 지금 어디니?" 어디긴 학교다. 에휴. '나 학교 안 다녀. 더 이상 상관 말라구.' 입 밖으로 나오고 싶어 근질거리는 말을 억지로 삼킨다.

"학교에 들어왔어요. 금방 교실로 가요."

어른들은 생각한다. 학교에 가야 공부한다고. 그건 어른들의 생각일 뿐이다. 아빠들은 겉도는 칭찬이나 늘어놓고 가끔 엄마 몰래 용돈이나 집어주는 것으로 끝난다. 그러면서 요구사항은 많다. 마치 아빠가 학창 시절에 하고 싶었던 일을 대신할 아바타로 생각하나 보다.

너는 할 수 있어. 나 어린 시절에 노래 제법 한다는 소리를 들었지. 일류 가수는 아니더라도 그 비스무리한 사람 정도는 될 거다. 공부? 너무 잘할 필요도 없다. 적당히 남에게 뒤떨어질 정도만 아니면 된다. 리더십? 모든 아이가 다 리더십이 있으면 어쩐다? 너는 밝고 유쾌하니 아이들과 잘 어울릴 거다. 수업 시간에는 교사의 설명에 주목하고 부지런히 판서 내용을 필기하고 있겠지. 겉모습은 무뚝뚝해도 날 닮아 제 앞가림 정도는 하는 녀석이라 그런대로 잘 따라가고 있을 거다. 엄마 아빠가 학교 다닐 때는 말이다. 새벽부터 밤늦은 시각까지 다닥다닥 붙어 앉아 교사 눈을 피해 나누던 수다, 야간자율학습 시간에 살짝 빠져나와 학교 근처 분식집에서 먹던 간식거리가 제법 낭만적이었지. 너도 공부만 하지 말고 적당히 즐겨.

아빠들은 이런 말을 위로랍시고 한다. 주파수가 어긋난 방송을 듣는 듯하다. 웅얼거리는 소리에 불투명한 영상이 계속 흘러간다. 전혀 다른 세상에 살고 있다. 그렇다고 엄마는 같은 세상에 살고 있는가? 언뜻 그래 보이지만, 아니다.

학교는 참 재미없다. 이미 대학은 포기했는데 왜 학교는 다녀야 하나.

어른들과 신인류인 아이들은 같은 세상에 살고 있지만, 생각하는 바는 전혀 다르다. 어른들은 지금 아이들이 낭만은 고사하고,

꿈이 없는 것 같아 답답하다고 한다. 엄마, 아빠가 포노 사피엔스인 아이들의 특성을 이해하기에는 너무나 버겁다. 엄마, 아빠는 전혀 다른 세상에 살고 있는 종족이다.

신인류는 세상을 '나'를 중심으로 바라본다. 그리고 '순간적'이면서 '하고 싶은 일'을 먼저 한다. 주로 네트워크 속에서 살아온 아이들은 내가 무엇을 할 것인가로 자신의 삶을 결정한다. 스마트폰을 다양하게 그리고 폭넓게 다룬다는 측면에서 포노 사피엔스인 아이들은 어른들에게 더 이상 배울 게 없다. 다만, 경제력이 발목을 잡을 뿐이다. 이들이 가지고 있는 상상력과 창의력은 기발한 문명을 만들어낸다. 이런 아이들에게 과거의 문법으로 평생을 살아온 어른들은 진로라는 측면에서 아이들에게 환영받지 못한다.

그러니 어른들은 툭하면 이렇게 말한다.

"나 때는 말이야~"

이른바 '라떼교육'은 아이들에게는 전혀 들리지 않는다. 안 그래도 꼰대 취급인데 '나 때는 말이야' 하는 순간 거의 태곳적 미개인 취급을 한다.

학교라는 공간도 그다지 큰 차이는 없다. 집에서 잔소리 듣기 싫거나 친구들이 보고 싶으면 학교에 간다. 급식을 먹기 위해서 등교를 하는 아이도 있다고 하니 학교는 분명 존재의 의미를 잃어가고 있다.

상담 가능한 사람(통계청 2019)

응답자 유형별		없다	아버지	어머니	형제자매	담임 선생님	상담 선생님	친구	이웃/친척	청소년 상담 센터	기타
전체	소계	9.6	5.2	38.5	6.1	0.4	0.6	37.1	0.9	0.3	1.4
성별	남자	10.3	8.0	40.4	4.9	0.5	0.3	33.1	0.8	0.3	1.3
성별	여자	8.8	2.2	39.4	7.4	0.3	0.9	41.3	1.0	0.2	1.5
학교급	초등학교	9.0	6.1	52.0	6.4	0.2	0.9	21.9	1.3	0.3	1.8
	중학교	10.5	5.4	34.2	5.5	0.7	0.6	40.2	1.0	0.3	1.6
	고등학교	9.2	4.3	31.2	6.4	0.4	0.3	46.5	0.5	0.2	0.9
고교 유형	일반	9.3	4.2	32.3	6.2	0.4	0.4	45.5	0.5	0.2	0.9
	특성화	8.9	4.7	26.5	6.9	0.3	0.2	50.8	0.3	0.2	1.2
지역 규모	대도시	8.8	5.3	40.2	6.2	0.5	0.5	35.8	1.0	0.3	1.5
	중소도시	10.1	5.1	37.4	5.9	0.3	0.7	37.9	0.9	0.3	1.3
	읍면지역	9.9	4.7	36.7	6.7	0.9	0.7	38.0	0.7	0.2	1.5

그렇다면 신인류들은 누구랑 자신의 미래를 이야기할까?

표를 보면 초등학생보다 고등학생이 친구들과 대화를 많이 한다. 재미있는 것은 남자들은 친구(33.1)보다 어머니(40.4)가 대화상대로 더 비중이 높다. 사내는 무뚝뚝하다는 말도 이제는 바뀌나 보다. 반면 아버지는 초등학교(6.1) 〉 중학교(5.4) 〉 고등학교(4.3)로 어머니에 비하면 존재감이 미미하다. 교사는 더 심하다.

담임교사가 중학교(0.7) 〉 고등학교(0.4) 〉 초등학교(0.2) 순이고,

상담교사는 초등학교(0.9) 〉 중학교(0.6) 〉 고등학교(0.3) 순이다. 학교에서 학생들과 주로 상담을 하고 진로에 대해 안내를 하는 어른들인 담임교사와 상담교사와 대화하는 비율이 매우 낮다. 포노 사피엔스에게 학교에 있는 어른들은 큰 도움이 되지 않는 존재일 뿐이다. 학교에 오는 이유는 친구가 있기 때문이다. 특성화고든, 일반고든 절반 가까운 아이들은 친구 때문에 학교에 간다. 어른들이 하는 진로 교육은 아이들에게는 국어, 영어, 수학처럼 재미없는 과목 중 하나일 뿐이다.

아이들은 호감이 가지 않는 어른들이 진로 수업을 하니 마음을 일찌감치 닫아 버린다. 어른들과 하는 대화는 모조리 '정답(定答)' 즉, 정해진 답이다. 들어봤자 나하고는 상관이 없는 이야기를 많이 한다. 그러니 아이들이 꼭 학교에 나와야 할 이유가 있을까. '학교에 꼭 가야 하는가?'라는 질문에 아이들은 '아니다'라고 답하기 시작했다.

어른들도 잘 모른다. 그저 자신이 경험한 세계에 머물며 그때 이야기를 하다 보니 주파수가 자꾸 어긋난다. 게다가 학교에서 진로 교육이 대입 진학 전략으로 접근하는 경우가 많지 않은가.

경제력이 없어 섣불리 독립할 수 없는 아이들은 잠시 숨을 죽이고 있다. 어른들이 제시하는 진로 교육이 마음에 들지 않지만, 모든 걸 체념한 것처럼 자신의 의지와는 상관없이 길을 '선택'해준

다.' 속마음은 감추고 어른들의 개입에 그저 따라가 '준다.'

어른들이 착각하는 것이 있다. 아이들이 꿈이 없다고 판단하는 것 말이다. 아니다. 아이들은 자기 꿈을 말하지 않을 뿐이다. 말해봐야 소용없다는 걸 알기 때문이다. 그러니 어느 순간, 아이들은 꿈을 말하지 않는다.

"너는 무얼 하고 싶니?"

어른들은 비장하게 묻지만, 아이들은 이미 저 말에 대답해 보아야 아무 소용없다는 걸 안다. 어쩌다 마지못해 무엇을 하고 싶다고 말하면 즉시 어른들은 평판, 수입 등을 따진다. 아이가 왜 그걸 좋아하는지는 관심이 없다. 안정적인 직업군을 대기 시작한다. 줄줄이 대학 이름이 나오고 앞집, 옆집 합격 사례를 쏟아낸다.

귀 막고, 눈 막고, 이제는 숨조차 막힌다. 어른 입에서 나올 말을 너무나도 잘 알기에 먼저 차단한다.

"몰라!"

"없어!!"

10대 청소년들은 꿈이 하루에도 몇 번씩 바뀐다. 세상은 너무도 넓고, 인생 100년을 살면서 흥미 있는 일은 또 얼마나 많은가. 그러니 몇 개의 명사로 아이의 꿈을 규정할 수는 없는 일이다.

한국교육개발원 보고서(2019) 중 '자녀교육 성공에 대한 관점'에는 성공을 '자녀가 명문대학에 들어갔다'로 본 것이 2010년 22.1%

자녀교육 성공에 대한 관점(전체, 2010, 2015~2019)

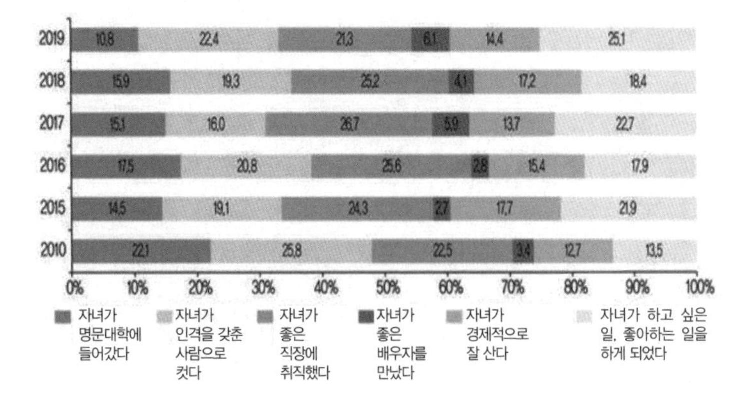

에서 2019년에는 10.8%로 바뀐 반면, '자녀가 하고 싶은, 좋아하는 일을 하게 되었다'가 13.5%에서 25.1%로 늘어났다.

성공의 기준이 명문대 진학에서 '하고 싶은 일, 좋아하는 일'로 바뀌고 있다. 멋진 일이다. 여전히 아이가 졸업할 즈음에는 무슨 대학에 들어갔는가가 사회적 관심사가 되고 있지만 그래도 저 학벌이라는 얼음장 밑에는 아이가 정말 하고 싶은 일, 좋아하는 일을 하는 것이 성공이라는 생각이 잔잔하게 흘러가고 있으니 다행이다.

그럼에도 왜 여전히 진로 교육은 명문대학 중심의 진학지도를 우선으로 할까? 특히 고등학교는 공교육의 역할을 무색하게 한다. 학교에서 알려주는 꿈을 이루는 방법은 오직 하나이다. 대학 진학! 명문대학에 가야 한다!!

그러면서도 꿈을 가지라고 한다. 도대체 어른들이 말하는 꿈은 무엇일까? 알 수 없다. 혼란스럽다. 이러니 아이들은 입을 닫아버린다.

'다른 아이들은 자기 꿈을 향해 차곡차곡 가는데 우리 아이는 왜 이렇지?'

어른들은, 부모들은 걱정스럽다. 진로희망이 분명해야 한다는데, 아직도 하고 싶은 일이 없다는 건 대학 진학에도 큰 문제가 되고 결국엔 루저가 될 수밖에 없을까 걱정스럽다. 이렇게 혼란스럽고 불안한 부모 앞에 친절한 컨설턴트가 나타난다.

"진로가 일찍 결정된 아이들일수록 대학 진학을 잘하게 됩니다. 댁의 자녀는 어떤가요?"

"저를 전적으로 믿으셔야 합니다."

듣고만 있어도 믿음이 가는 말을 한다. 수많은 사례는 더더욱 믿을 수 있다. 아니 믿고 싶다. 우리 아이의 미래도 턱 하니 맡기고 싶다.

불안한 시대와 공교육

불안하다. 불안하다고 해서 어디로 떠날 수도 없다. 어떻게든 지금 이 순간 최선을 다해야 한다. 혼자서 살아간다는 건 애당초 불가능하니까. 하지만 어른들은 잘 모른다. 코로나19 때문에 학교에 가지 않지만, 아이들은 웬만한 정보는 자기들끼리 다 공유하고 있다. 학교에 가지 않으니 오히려 더 편안하다. 다만 엄마, 아빠의 눈초리를 어떻게 피하느냐가 관건이다.

학교에 다녀오면 엄마가 묻는다.

"학교 어땠어?"

다들 마스크 쓰고 책상도 모두 떼어 놓고 앉아 있는데 무얼 기대하는지 모르겠다. 밥 먹는 시간에도 서로 어울리면 안 된다고 한다. 눈만 내놓은 상태니 그냥 뭐 그렇다.

"응, 엄마. 모두들 마스크 쓰고 조용히 있으니, 마치 내가 스파이가 된 느낌이야."

스파이라고. 아니다. 나는 그냥 얼른 학교에서 시간이 끝나고 다시 내 공간으로 들어가고 싶어 조용히 있었을 뿐이다. 선생님들도 모두 마스크 쓰고 들어오니 비밀접선 하는 기분이라 스파이라고 했을 뿐이다. 그러면 어떠랴. 서서히 눈에 익은 친구들하고 주고받는 이야기가 재미있어지기 시작한다.

나는 스파이라고 했는데 우리 선생님은 스파이더맨 같다. 초인적이다. 마스크를 쓴 채로 수업하고 방역 시간만 되면 어느 틈엔가 나타난다.

미국 리드 칼리지의 존 크로거 총장은 코로나19 이후 급변하는 교육 환경에서 불평등은 더욱 커질 것이라는 비관적 전망을 했다.(교수신문 2020.5.27.) 소수의 교육기관은 부유하고 재능 있는 학생들에게 전통적인 기숙교육을 제공하는 반면, 대다수 학생은 시간제로 부분적인 온라인 프로그램을 수강하게 된다. 전통적인 교육 프로그램을 수강한 학생들은 고용 시장에서 우위를 점하게 되면서 불평등이 심화될 것으로 보인다는 것이다.

불평등이 심화될 가능성이 클수록 공교육은 중요하다. 그렇다면 공교육은 무엇인가? 공교육은 공적인 재원을 투자하는 교육이다.

설립 주체에 따라 학교를 공립과 사립으로 구분하지만, 조달 재원이 어디서 나오는가를 보면 민간에서 나오는 경우는 거의 없다. 그렇다면 공교육이란 모든 학교를 의미한다고 볼 수 있다.

'공적인 재원'을 투자하는 공교육은 공익을 추구한다. 공익이 너무 막연한가. 그럼 '교육적 공익'이라는 말로 접근해 보자. 〈교육기본법〉 제2조를 보면 교육의 목적은 '인간다운 삶을 영위함, 민주국가 발전과 인류공영의 이상 실현'이다. 즉, 공교육이란 '인간다운 삶을 영위하고 민주국가 발전과 인류공영의 이상을 실현할 수 있도록 공적재원을 투자하여 운영, 관리하는 교육체제'를 말한다.

비대면 수업을 하면서 학생들이 교사에게 친밀감을 표현하는 경우를 종종 본다. 또래 아이들을 의식하지 않고 궁금한 내용은 교사에게 직접 질문할 수 있기 때문이다. 이런 현상은 대학에서도 나타나 대면 강의를 할 때보다 학생들이 더 질문을 자주 한다. 또한, 원격 수업은 기대하지 않은 결과를 가져오기도 한다. 인터넷으로 더 넓은 세계를 찾아 교류하는 확장성과 비대면이지만 교사와 또래 학생들 간 자주 접하다 보니 오히려 관계의 폭이 넓어지는 경험을 한다.

이제는 필요할 때 필요한 학습을 하는 시대로 들어가고 있는 것으로 보인다. 물론 아직도 어쩔 줄 몰라 하는 아이가 많다. 도구 조작에 서툴거나 학습 내용을 이해하지 못하여 과제를 해결하는 것을 버거워하는 아이들이 있다. 그런데도 어느 누구의 도움을 받을 수 없는 아이들이 있다.

원격 수업이라는 상황에서 발생하는 개인차는 교사의 빠른 피드백으로 해소해야 한다. 그대로 두면 차이가 더 벌어진다. 그렇다고 개인에게만 문제를 해결하라고 할 수는 없다. 개인의 차이가 불평등으로 나타나고 이로 말미암아 공동체의 근간이 흔들릴 수 있다. 공교육은 차이를 최소화하여 공동체를 존속하기 위해 필요하다. 학교를 여는 최소한의 이유이다. 공교육은 위기일수록 개인에게 손을 내밀어야 한다.

불안한 시대에 우리는 왜 학교를 여는가? 아이들의 눈으로 질문을 다시 해보자. 학교에 갈까, 말까?

히말라야 잔스카 마을의 아이들은 일주일간 추위와 싸우며 미끄러운 얼음 강 위를 걸어 학교에 간다. 어른들이 나무로 얼음을 두드려가며 발 디딜 곳을 찾고, 아이들은 그 뒤를 따른다. 이른바 세상에서 가장 위험한 학교 가는 길. 등교하다 죽는 사람이 나올 정도란다.

콜롬비아의 한 작은 마을. 학교에 가기 위해 외줄에 의지하는 아이가 있다. 학교가 건너편 높은 산에 있어 학교에 가려면 산과 산 사이를 연결하는 철선에 매달려 등교해야 한다. 높은 곳에서 낮은 곳으로 내려갈 때 속도가 시속 64km까지 치솟는다. 아이는 매일이 위험한 철선을 타고 학교에 간다.

인도네시아 수마트라의 작은 마을 바투부석에 사는 아이는 등교를 하기 위해 10m 높이에 있는 아슬아슬한 외줄 다리를 매번 건넌다. 그리고 이 다리를 건넌 후에는 정글 숲을 헤쳐 11km를 걸어야 학교에 도착한다.

베트남 민호아 마을의 아이들은 매일같이 헤엄을 쳐서 강을 건너 등교를 한다. 혹시나 책이 물에 젖을까 봐 가방을 비닐에 넣고 머리 위로 힘껏 치켜든 후 강을 건넌다.

전쟁터 한가운데를 지나 등교를 하는 아이들도 있다. 예루살렘은 오랫동안 팔레스타인군과 이스라엘군이 대치하고 있다. 그 가운데를 지나 아이들은 등교한다. 왜 위험을 무릅쓰고서라도 학교에 가는 걸까? 이런 위기의 순간에 아이들은 매번 고민하지 않을까? '학교에 갈까, 말까?'

우리도 그다지 크게 다르지 않다. 코로나19에도 불구하고 아이들이 학교에 간다. 쉬는 시간과 점심시간에 거리 두기를 하라고 목소리 높여 외쳐도 아무 소용없다는 걸 안다. 왜냐하면 아이들은 틈만 나면 모이기 때문이다. 그래도 학교는 문을 연다. 불안한 시대임에도 학교를 여는 까닭은 무엇일까?

그것은 희망의 끈을 놓지 않기 위해서이다. 이 어려운 시기를 지나 우리 아이들이 자기 삶을 살아갈 수 있도록 할 수 있는 최선을 다하고자 함이다. 처한 환경에 따라 발생하는 개인의 '차이'를 최소화하기 위한 몸부림이다.

이 일은 누가 하는가. 바로 '공교육'이 해야 한다. 아니, 공교육이니까 '한다.' 공교육은 개인이 처한 차이로 발생하는 차별을 막기 위해 할 수 있는 모든 일을 해야 한다. '우리 아이들이 앞으로 어떻게 살 것인가?'를 고민해야 한다.

분명 아이가 성장하는 과정에 따라 초중등교육과 대학 교육은 그 역할이 다르다. 초등학교와 중학교 단계에서 학생들은 폭넓은 경험을 통해 삶에 필요한 것을 배운다. 감각을 익히고 삶을 살아가기 위한 기초역량을 몸으로 익힌다. 교육과정 역시 직접 체험이 큰 비중을 차지한다.

고등학교 단계는 진로를 구체적으로 탐구하는 시기이다. 적성과 꿈을 살펴보고 자신의 삶에 대한 탐구가 깊을 때다. 자기주도성과 탐구력이 특히 요구된다. 주요 학습내용은 주제통합, 탐구능력 향상을 목적으로 구성한다. 반면에 대학은 전문적 역량을 육성한다. 문제 발견과 해결을 위한 전문성을 함양하는 단계이다. 대학은 초중고등학교와 달리 의무적으로 다녀야 하는 교육기관이라기보다는 자신의 전문성을 키우기 위해 다니는 곳이다. 사회생활을 하다가도 필요하면 재입학하여 배우는 곳이라야 한다.

최근 수업 중 한 학생의 답변이 놀라웠다.

"지금과 같은 상황에서 개인에게 가장 중요한 능력은 무엇인가?"라는 물음에 그는 "급변하는 상황에 잘 적응할 수 있는 것입니다"라고 했다. 놀라운 성찰이다. 급변하는 상황에 잘 적응하기 위해서 필요한 것은 '급변하는 상황'을 판단하는 능력이다. 자신이 맞닥뜨린 상황을 정확하게 판단하고, 여기에 어떻게 대처할 것인가를 결정하는 능력. 이런 능력은 비판적 사고력이 있어야 가능하다. 또한, 우물쭈물하지 않는 실행력이 필요하다. 이를 문제 해결력이라고 한다.

앞서 공교육은 '어떤 삶을 살 것인가?'에 대한 대답이라고 했다. 위기는 본질로 돌아갈 수 있는 절호의 기회이기도 하다. 위기일수록 공교육은 더욱 빛이 나야 한다. 그 방법은 무엇일까? 그것은 아이들 각자의 '삶' 그 자체를 존중하는 데서 출발한다.

공교육과 진로 교육

그렇다면 공교육은 어떻게 아이들이 각자의 '삶'을 존중하고 살아가는 방법을 배울 수 있도록 할 것인가? 우리나라에서 진로 교육은 대부분 직업교육을 의미한다. 그것도 고등학교 2학년까지 얘기이다. 고3이 되면 진로는 곧 대학 진학을 의미한다.

학교생활기록부에 작성하는 '진로희망'은 거의 대부분 직업명을 쓴다.

> 제11조(진로희망사항)
>
> 학기 중에 진로지도를 실시하여 파악한 학생의 진로 희망과 희망 사유를 담임교사가 입력한다. 단 담임교사 외 진로 교육 담당자의 자료가

있을 경우 이를 받아 담임교사가 입력한. 〈훈령(제243호)〉

해설을 보면 이렇게 나와 있다.

1. 제11조(진로희망사항)

가. 중 · 고등학교에서는 각 학년별로 조사하여 입력하되, '진로희망'에는 자신의 특성(적성, 인성, 지능 등)을 이해하고, 주위의 환경을 충분히 고려해 자신의 능력에 맞는 직업을 구체적으로 탐색하여 입력한다.

명확하게 '자신의 능력에 맞는 직업을 구체적으로 탐색하여 입력'하라고 되어 있다.(2020학년도 학교생활기록부 기재요령) 무엇이 문제냐고? 다음에 나오는 그림을 조금 더 살펴보자.

진로희망은 곧 희망 분야이기도 하지만 희망직업을 의미한다. 친절하게도 직업 관련 정보는 한국직업능력개발원 커리어넷에서 확인할 수 있다고 안내하고 있다.

그렇다면 학교 진로 교육의 목표는 무엇인가? 학생이 학생 자신의 진로를 창의적으로 개발하고 지속적으로 발전시켜 성숙한 민주시민으로서 행복한 삶을 살아갈 수 있는 역량을 기르게 하는 데 있다.

중학교 단계에서는 다음과 같이 제시하고 있다.

■ **진로희망사항**

학년	❶ 진로희망	❷ 희망사유

❶ 진로희망

가. '진로희망'은 희망분야나 희망직업을 입력한다.

※ 직업관련 정보는 한국직업능력개발원 커리어넷(http://www.career.go.kr)의 [직업·학과정보]-[직업정보]에서 확인할 수 있음.

※ 기재 누락과 구분하기 위해, 학생이 진로희망을 정하지 못한 경우에도 입력함.

〈예시〉 '진로탐색 중임', '현재 진로희망 없음' 등으로 입력할 수 있음.

❷ 희망사유

가. '희망사유'는 학생의 희망직업에 대한 진로선택 동기, 이유, 계기 등을 입력한다.

유의사항

○ 진로희망사항은 충분한 상담 또는 사전 조사를 한 후 입력하며, 다음 학년도에 정정사항이 발생하지 않도록 함.

○ 2020학년도 1~2학년의 경우 창의적 체험활동상황 진로활동 영역 특기사항 내의 '희망분야'란에 학생의 진로희망(희망분야 또는 희망직업)을 입력하되, 상급학교 전형자료로는 제공하지 않음.

2020학년도 학교생활기록부 기재요령, p.87

중학교 '진로와 직업' 교육과정은 초등학교에서 함양된 학생의 진로개발 역량의 기초를 발전시켜 다양한 직업 세계와 교육 기회를 탐색하고, 중학교 이후의 진로를 디자인하고 준비하는 것을 목표로 한다. 〈진로와 직업〉

이를 달성하기 위한 세부 목표는 다음과 같다.

가. 긍정적 자아개념과 타인과의 의사소통 능력에 기초하여 자아이해와 사회적 역량을 기른다.
나. 직업에 대한 건강한 가치관과 진취적 의식을 갖도록 일과 직업세계에 대한 이해 역량을 기른다.
다. 중학교 이후의 교육 및 직업 정보를 파악하고, 관심 분야의 진로 경로를 탐색하는 역량을 기른다.
라. 자신에게 적합한 진로 목표에 따라, 중학교 이후의 진로를 창의적으로 설계하고 준비하기 위한 역량을 기른다.

진로개발 역량의 기초를 발전시켜 중학교 이후의 진로를 디자인하고 준비하는 것을 목표로 하고 있다. 이를 위해 자아개념에서 출발하여 직업세계에 대한 이해 역량을 기르고 자신에게 적합한 진로 목표에 따라 중학교 이후의 진로를 창의적으로 설계하고 준비하기 위한 역량을 기른다고 되어 있다.

고등학교 단계는 어떤가?

고등학교 '진로와 직업' 교육과정의 목표는 일반고의 경우, 미래 직업 세계 변화에 대한 이해를 바탕으로 자신의 진로 목표를 세우고 구체적인 정보 탐색을 통해 고등학교 이후의 진로계획을 수립하고 실천하는 것이다. 특성화고의 경우, 중학교까지 형성된 학생의 진로개발역량을 향상시키고 고등학교 이후의 진로를 디자인하고 실천하기 위해서 준비함을 목표로 한다.

이와 같은 목표를 달성하기 위한 세부 목표는 다음과 같이 설정되었다.

첫째, 자신에 대한 종합적인 이해를 통해 긍정적인 자아정체감을 형성하고 직업생활에 필요한 대인관계 및 의사소통 역량을 발전시킨다.
둘째, 미래 직업세계의 변화가 자신의 진로에 미치는 영향을 파악하여 대비하는 역량을 기르고 건강한 직업의식과 태도를 갖춘다.
셋째, 자신의 관심 직업, 전공 또는 취업 기회, 고등교육 기회 또는 평생학습의 기회에 대한 구체적인 정보를 탐색하고 체험하며 활용하는 역량을 기른다.
넷째, 자신의 진로 목표를 바탕으로 고등학교 이후의 진로에 대하여 체계적인 계획을 수립하고 상황 변화에 대응하는 역량을 기른다.

일반고와 특성화고를 나누어 목표를 제시했다. 일반고는 진로 목표를 세우고 고등학교 이후 진로계획을 수립하고 실천한다. 특성화고는 진로개발역량을 향상시키고 고등학교 이후 진로를 디자인하고 실천하기 위한 준비를 한다. '진로와 직업'이라는 교과목 특성상 대부분 직업생활, 관심 직업 등을 가르친다.

결국 진로 교육은 자아이해와 타인과의 의사소통 능력에 기초한 사회적 역량을 기르고, 진로 목표에 따라 자신의 진로를 창의적으로 설계하고 준비하는 역량, 체계적인 계획을 수립하고 상황 변화에 대응하는 역량을 길러주는 것이다.

하버드대 교육위원회 연구 결과를 보면, 아시아계 낙제생 10명 중 9명은 한국 학생이며, 이들은 모두 우수한 성적으로 하버드에 입학했다고 한다. 이들의 낙제 원인을 조사한 결과 대부분 '장기적인 인생 목표가 없었다(Nothing! Long term life goal)'라는 결론이 나왔다고 한다. 그러니까 그들은 하버드대에 입학하는 것이 최고 목표였으며, 입학한 후 인생 목표가 사라진 것이다. 진로 교육이 단순히 명문대 합격을 목표로 하는 것이 아니어야 한다.

덴마크에서는 자녀가 성장함에 따라 진로에 대한 질문이 달라진다. 어렸을 때는 '나는 누구인가?' 중학교 정도의 나이 때는 '나는 무엇을 원하는가?' 고등학교 정도에는 '나는 무엇을 잘하는가?'를 묻는다.

성장에 따라 질문이 달라지지만, 자아이해를 가장 염두에 두고 있다. 자아개념에 대한 인식을 바탕으로 하고 싶은 것과 자신의 장점을 돌아본다. 우리 진로 교육 역시 이런 부분에 집중해야 할 것이다. 너무 이른 나이에 못 하는 것, 할 수 없는 것을 주입 당한 나머지 자신이 무엇을 원하는지 모르는 상태로 만들어서는 곤란하다.

중요한 것은 본질이다

과거의 아이가 연을 날리고 있다. 하늘은 푸르다. 아이는 얼레를 움직여 실을 당기거나 느슨하게 풀어 연을 이리저리 움직인다. 그로부터 10년 뒤 아이는 드론을 날린다. 역시 하늘은 푸르다. 조정기를 손에 꽉 쥐고 시선은 하늘로 향해 있다. 드론은 아이의 조정에 따라 묘기를 부린다. 과거의 아이와 10년 뒤의 아이, 무엇이 같고 무엇이 다른가? 연이냐, 드론이냐의 차이는 있을지언정 하늘을 향해 무언가를 날리며 자신의 꿈을 키우는 것은 같다.

여기서 질문.

연을 날리는 아이는 불행하고, 드론을 날리는 아이는 행복할까? 연을 날리는 아이는 자기 꿈을 찾는 데 더디고 드론을 날리는 아이는 그렇지 않을까?

이 장면을 교실 안으로 가져와 보자. 연을 날리거나 드론을 날리거나 교사는 수업 시간에 연과 드론을 도구로 이용했다. 학생의 흥미를 높이기 위해 이용한 수업 도구인 것이다. 수업의 활동은 무언가를 날리는 것이고, 도달하고자 하는 수업 목표는 학생이 꿈을 키우는 일이다. 중요한 것은 연을 날리든, 드론을 날리든 꿈을 찾아야 한다. 그러니까 성취목표는 '꿈'이고, 수업 도구는 연과 드론이다. 교사가 주목해야 할 점은 무엇일까? 바로 날리는 행위를 통해 아이들이 어떤 꿈을 꾸고 있는가이다.

연과 드론은 시대 여건에 따라 달라질 수 있는 수업 도구이다. 그러나 불행하게도 우리 사회는 연과 드론에 주목한다. 성취목표를 보는 것이 아니라, 수업 도구에만 주목한다. 드론으로 수업하고, 연으로 수업할 수 있다. 그런데 도구에 맞추다 보니 그걸로 평가를 한다. 즉, 수업 시간에 드론을 사용하지 않은 아이에게 드론에 대해 묻는 경우가 생긴다. 학습 요소를 이해하기 위해 사용했던 수업 도구가 평가의 목적이 되는 상황이 발생한다. 이 차별을 막기 위해 사교육을 한다. 어떤 경우는 다 같은 조건이어야 한다며 학교에서 드론으로 하는 수업을 하지 말라고 한다. 아이들은 영문도 모른 채 꿈꾸는 일을 포기한다.

모든 아이가 드론을 날리는 게 중요한 것이 아니다. 학습 요소를 이해하기 위해 드론이 꼭 필요하다면 전체 학교에 드론을 제공해야 한다. 하지만 학습 요소를 이해하는 데 연이나 드론이 수업 도구에 불과하다면 사소한 차이일 뿐이다. 교육 여건이 다르더라도 아이들에게 꿈을 꾸게는 할 수 있다. 아이에게 연이냐 드론이냐는 그리 중요하지 않다. 하늘에 무언가를 날리며 꿈을 키우는 일이 더 중요하다.

현재 대학 입시는 학교생활기록부(이하 '학생부')를 중심으로 하는 학생부교과전형, 학생부종합전형이 있고, 논술전형과 수능전형이 있다. 수시는 학생부가, 정시는 수능이 중심이 된다.

학생부기재요령(2020)에 따르면 '학교 내 정규교육과정 교육활동 중심 기록'이 기본이다. 정규교육과정은 교과수업과 창의적체험활동으로 구성한다. 교과수업 비중이 훨씬 크다.

교사들은 수업으로 말한다. 교사의 수업에는 어떤 의도가 담겨 있다. 이 의도에 도달할 수 있도록 수업과 평가를 디자인한다. 교사들은 학생들에게 어떤 배움이 일어나길 바란다. 즉, 배움이 일어나는 과정을 중심으로 학생들의 성장을 확인한다.

학교는 단순하게 시수를 기준으로 교육과정을 편제하여 운영하지 않는다. 학생들이 선택할 수 있도록 폭을 넓히고, 학습단계를 고려한다. 학생들이 문제를 찾고 해결할 수 있도록 디자인한다. 학생들은 자신의 흥미, 관심 등을 심화할 수 있도록 교과를 선택하고 자기주도성과 탐구력을 기른다.

학교는 학교 공동체가 추구하는 가치와 철학을 바탕으로 학교 교육과정을 수립한다. 최근 학교 교육과정을 세울 때 가장 많이 고민하는 단어는 선택, 자율성, 개념 전환이다. 이를 바탕으로 교육과정을 세우고 수업 방식과 평가를 다양하게 한다. 이 모든 과정에서 학생이 스스로 학습하도록 한다. 학교에서 추구하는 학생상을 위해 그 학교만의 특성을 나타낼 수 있는 과목을 개설하기도 한다.

기업은 기본적인 운영원리가 있다. 학교도 마찬가지이다. 학교는 학생들이 공부하는 곳이다. 공부를 왜 하는가에서 어떻게 할 것인가, 그리고 무엇을 할 것인가를 고민하여 만든 틀이 학교 교육과정이다.

학교 교육과정은 국가 수준 교육과정과 지역 수준 교육과정을 기본으로 개별 학교의 철학과 가치를 포함하고, 지역 특성과 학교의 교육환경, 학생의 수준 등을 고려하여 수립한다.

지금의 진로와 전혀 상관없어 보이는 활동도 많았기에 어떻게 연결시킬지 고민하기도 했지만, 다시 돌아가도 같은 선택을 할 것 같아요. 크게 상관없을 것 같던 활동과 수업 안에서도 의외의 한마디가 의미를 부여한 경험이 적지 않았거든요. 진로를 정하는 데 어려움을 겪는 친구들도 많을 텐데요. 제 경우, 멘토가 될 만한 분들에 대

한 '동경'이 진로를 찾아가는 데 있어 가장 큰 계기가 되었던 것 같아요. (〈내일교육 947호〉)

최진하 학생은 자신의 진로와 상관없는 활동이 의미를 부여한 경험을 말한다. '진로와 전혀 상관없어 보이는 활동'은 학교 교육과정에 많이 포함되어 있다. 아직도 자신이 공부할 과목을 선택할 때 대입 반영 여부, 내신 성적의 유불리로 따지는 경우가 많다. 유리하다고 해서 선택했지만, 치열한 성적 싸움에 학교생활 전체가 영향을 받는 경우를 볼 수 있다.

학생들의 진로 선택도 마찬가지이다. 크게 상관없을 것 같던 활동과 수업 안에서도 의외의 한마디가 그 아이의 삶을 크게 바꾸기도 한다. 뒤돌아 생각하면 어른들도 학창 시절 이런 경험이 종종 있다. 좋아하는 교사의 과목은 성적이 잘 나왔던 기억 말이다. 선생님이 좋아서 그 시간에는 눈을 동그랗게 뜨고 집중했다. 그러다 행여 그 선생님과 눈이라도 마주치면 하루 종일 두근거리는 마음으로 지냈던 일이라든가, 다른 과목은 몰라도 그 과목만큼은 100점을 받겠다며 밤새워 공부했던 기억 말이다. 자기가 좋아하는 일을 할 때 효율성이 높다.

아이들도 마찬가지이다. 자기가 좋아하는 일이라면 꾸미고 진행하는 데 남다른 실력을 발휘한다. 10대들은 무엇에 꽂히면 거의 필사적이다. 앞만 보고 간다. 주위를 돌아보지 않는다. 말 그대로 '저돌적'이다. 그래서 성공할 가능성도 훨씬 크다.

교사는 학생들이 성취기준에 도달하기를 바라고, 그 정도를 평가하여 피드백을 한다. 자신 앞에 있는 학생을 고려하여 성취기준을 중심으로 교과 교육과정을 재구성한다. 그리고 학생중심수업을 실천하여 배움이 일어나게 하며(배움중심수업), 학습의 결과뿐만 아니라 과정도 중시하여 평가하고(과정중심평가), 객관적 사실과 구체적 맥락을 기록한다. 그리고 그것을 자연스럽게 진학 자료나 피드백 자료로 활용한다.

그렇다면 성취기준이란 무엇인가? 성취기준에는 학생이 반드시 알아야 할 개념(지식)과 활동이 담겨 있다. 핵심 개념을 이해할 수 있도록 다양한 활동을 한다. 우리 학생들은 종종 이 활동에 빠져버린다. 지나치게 열심히 하다가 그만 왜 이 활동을 하는지 잊어버린다.

"저, 수업 시간에 굉장히 열심히 했어요. 그런데 왜 시험만 보면 점수가 안 나오죠?"

그 수업 시간에 꼭 알아야 할 핵심 개념은 모르고 활동만 열심히 하다 보니 본인은 굉장히 열심히 했다고 생각한다. 그저 열심히 하는 것과 왜 하는지를 알고 열심히 하는 것은 다르다.

부력을 측정하는 수업이었다. 교사는 핵심 개념인 '부력'을 간단하게 설명했다.

"부력은 중력이 작용할 때 액체 또는 기체가 물체를 밀어 올리는 힘입니다. '뜨려는 힘'이라고 쉽게 생각하면 됩니다."

교사는 이 개념을 알게 하려고 용수철저울로 실험을 했다. 모둠 내에서 역할을 나누었다. 그 틈을 못 참고 장난꾸러기들은 교사의 눈치를 보며 용수철저울로 장난을 한다. 친구 머리 무게를 잰다며 까불거리다가 투닥거리기도 하고, 모둠활동에 전혀 참여하지 못하는 아이도 생긴다. 이제 아이들은 왜 용수철 실험을 하는지 잊어버렸다. 수업의 본질에서 벗어난 것이다.

그런데 시험은 다르다. 교사들은 핵심 개념은 주로 지필고사를 통해, 아이들의 활동은 수행평가로 평가를 한다. 부력 개념을 모르는 아이는 지필고사를 잘 볼 리가 없다. 또한, 실험 목적에 맞지 않게 행동한 아이들이 수행평가가 잘 나올 리도 없다.

아이는 말한다.

"저는 열심히 했단 말이에요."

무엇을 열심히 한 것일까. 부모는 교실에서 아이들이 공부하는 모습을 보지 못했으니 아이가 한 '열심히'라는 말만 듣는다.

"우리 아이는 스스로 참 열심히 공부해요."

과거 우리 부모들이 공부할 때는 부력 개념을 외우고 그걸 시험 보니까 그만해도 성적이 잘 나왔다. 그런데 요즘 우리 아이들은 부력의 개념을 아는 것도 중요하지만, 그것 못지않게 함께 활동을 하면서 협력하는 마음, 배려하는 마음, 설득하는 모습 등의 사회성도 배운다. 학교에서의 평가는 이런 역량까지도 측정한다.

중요한 것은 본질이다. 수업 시간에 집중해야 할 본질은 그 단원의 학습요소이다. 학습요소를 이해하기 쉽게 하기 위해 많은 활동을 한다. 이 과정에서 학생들은 살아가는 데 필요한 역량을 배우게 된다. 수업 시간은 학습요소를 잘 배우는 게 중요하다.

손대지 마시오

교과의 날, 국어과에서 디카시(詩)라고 사진을 찍고 짧은 시를 쓰는 수업을 했다. 아이들은 저마다 심각한 표정으로 교정 여기저기를 돌아다녔다. 어떤 아이는 사물함 속을 들여다보는 자신을 찍었다. 또 어떤 아이는 교정 산책로를 담았다. 뿐만 아니다. 면학실의 커다란 책상을 찍고는 기쁘고, 두렵다고 했다.

수민이는 승강기 안에서 흔히 볼 수 있는 안내문을 생각했다. 하루에도 몇 번씩 승강기를 탈 때마다 보았지만, 그냥 지나쳤던 경고문이다.

'기대면 추락 위험'

'손대지 마시오.'

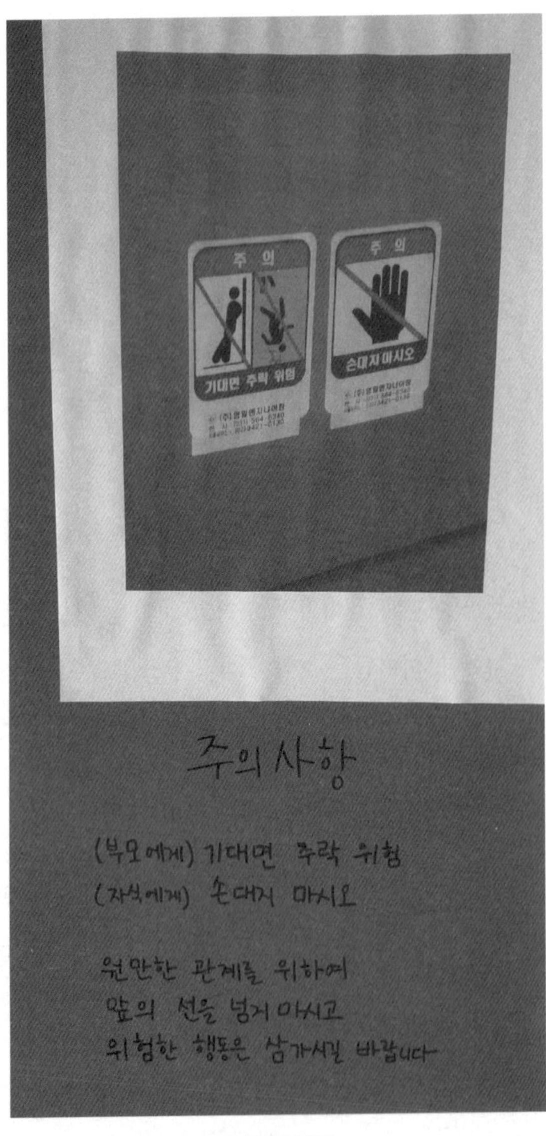
주의
기대면 추락 위험
주의
손대지 마시오
주의사항
(부모에게) 기대면 추락 위험
(자식에게) 손대지 마시오
원만한 관계를 위하여
앞의 선을 넘지 마시고
위험한 행동은 삼가시길 바랍니다

오수민(인창고)

지극히 평범한 문구다. 하지만 수민이의 손에 닿자 새로운 의미가 되었다.

(부모에게) 기대면 추락 위험

(자식에게) 손대지 마시오.

원만한 관계를 위하여

앞의 선을 넘지 마시고

위험한 행동은 삼가길 바랍니다.

깊은 울림을 준다.

수민이가 하고 싶은 말은 무엇일까? 수민이는 승강기 안에 붙어 있는 경고 문구를 부모와 자녀 관계로 풀었다. '기대면 추락 위험' 앞에 '부모에게'를 넣고 괄호로 묶었다. 그렇게 하니 또래에게 하는 말이 되었다. '손대지 마시오' 앞에는 '자식에게'를 삽입했다. 이번에는 부모에게 바라는 말이 되었다. 괄호 안에 들어간 이 단어로 기발한 경구가 탄생했다. 멋지다. 짧은 시간에 이만한 생각을 끌어냈으니 그야말로 대단하다. 수민이가 또래 청소년과 학부모에게 하고 싶은 말은 결국 이런 것이 아닐까.

청소년들이여. 부모에게 기대면 추락 위험이 있다.

학부모들이여, 자녀에게 함부로 손대지 마시라.

그렇다. 부모는 언제까지 자녀 곁에서 희생할 수 없다. 자녀가 성장할수록 부모는 늙어가는 법이다. 요즘은 90세, 100세 시대라고 한다. 부모 나이가 그쯤 되면 자녀는 60세, 70세가 된다. 이때도 독립하지 못했다면 그야말로 대책이 없다. 부모에게만 기댄다면 그 청춘은 추락할 위험이 도사리고 있다. 반면에 부모가 자식의 앞날을 준비한다며 지나치게 간섭한다면 이 또한 불행의 씨앗이 된다. 원만한 관계를 위하여 선을 넘지 말고 위험한 행동은 삼가야 하는데도 부모와 자식의 관계에서 그 선이 어디인지 잘 모른다.

어른들이 교육이라는 이름으로 하는 행동은 이 선을 더욱 애매하게 만든다.

'아이들을 위해서 하는 일이야.'

내가 하는 모든 행동은 분명 내 아이를 위하는 일인데도 아이는 꿈쩍도 하지 않는다. 그러니 어른들 입에서는 이런 한탄이 나온다.

"이게 다 내가 잘되자고 하는 일이니? 너 잘되라는 거야."

그런데 이미 아이들에게 어른들이 하는 말은 '꼰대들의 라떼 교육'이 아닌가. 어렸을 때는 말도 잘 듣고 영재 중의 영재 같던 우리 아이, 너무나도 예쁜 아이가 지금은 아예 듣지 않는다. 아이들

말로 '쌩깐다.' 결국은 잔소리하는 부모, 교사가 되고 만다. 가정이든, 학교든 어른들은 모두 청소년들에게는 옛날 사람들이고, 꼰대들이다. 필요하다면 잠시 곁을 주지만, 그것도 잠깐이다. '그냥 내버려 둬'로 모든 것은 상황 종료가 된다.

정작 움직여야 하는 아이들은 무관심한데 꼰대인 어른들은 여전히 불안하다. 엄마, 아빠는 용돈도 주고 음식과 안락한 가정생활을 제공하면서도 불안해하고, 교사들은 꿈을 키울 다양한 시도를 하면서도 환영받지 못한다. 아낌없이 쏟아부어도 아이들은 꿈쩍도 하지 않는다.

아이 1인당 들어가는 교육비가 평균 8,552만 원이다. 거기에 사교육비는 6,427만 원이다. 거금이다. 이런 통계자료만 보면 아무

고교 졸업까지 자녀 1인당 교육비

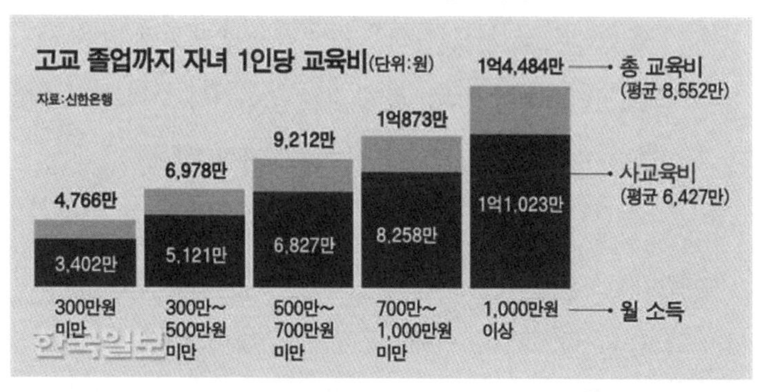

한국일보 2018.03.12.

것도 해주지 않는 우리 아이에게는 그저 미안할 뿐이다. 미안하고 불안하다. 조금이라도 이런 마음이 생기는 순간 어느 틈에 불안 귀신이 달라붙는다. 순식간이다. 눈을 가린다. 모두가 눈먼 사람이 되어 이리저리 쫓아다니지만, 그럴수록 불안은 눈덩이가 된다.

분명 행복하게 살려고 공부하는 것일 텐데. 진로 교육은 꿈을 이루는 걸 도와주는 일일 텐데. 성공 사례는 어마어마하게 많은데 우리 아이는 성공 사례와는 전혀 다른 길로 간다.

수민이는 원만한 관계를 위해서는 선을 넘지 말라고 분명하게 말하고 있다. 선을 넘지 않는다는 것은 어떤 의미일까? 존중하라는 말이다. 서로 존중해야 한다. 부모는 자녀를 존중하고, 교사는 학생을 존중해야 한다. 존중한다는 것은 상대방을 인정한다는 의미이기도 하다. 국어사전에 '존중'이라는 말은 '높이어 귀중하게 대함'(표준국어대사전)이라고 나와 있다.

어른들은 아이들을 가르쳐 깨우쳐야 하는 존재로만 삼을 때가 있다. 직업도 가르쳐야 하고, 적성 파악도 시켜야 한다고 생각한다. 아이들이 무엇을 하고 싶은지에는 크게 관심 없다.

"아직 어려서 그래."

이 한마디면 끝이다. 아이들의 선택보다는 자신이 겪은 삶의 경험이 더 중요하다. 그러니 아이들은 입을 닫아 버린다.

이제는 그렇지 않다. 어른이 존중받아야 하는 것처럼 아이들도 존중받아야 한다. 돈이 있느냐, 지위가 높으냐, 외모나 학력, 이런 것에 따라 차별을 받아서는 안 된다. 나이가 어리다고 차별받아서도 안 된다. 아이들도 마찬가지이다. 그들의 아픔이나 기쁨 모두 그대로 존중되어야 한다.

수민이는 서로 존중하라고, 그것을 넘어서는 행위는 '위험한 행동'이라고 말한다. 청소년들은 부모에게 지나치게 기대지 않고, 부모는 자기 아이라고 마음대로 손대지 않는 것이 '존중'이고 삶의 방법이라고 말한다.

우리는 아이들의 삶을 대신할 수 없다. 아이들은 아이들의 삶이 있고, 우리는 우리의 삶이 있다. 아이들이 어른의 삶을 흉내 낼 이유도 없다. 행복한 진로 교육은 꼰대의 라떼 교육을 벗어나 아이들을 존중하는 데서 출발한다.

진로의 길을 묻다

> 어른들은 보아뱀의 내부인지 외부인지 따위의 그림은 집어치우고 대신 지리나 역사, 산수, 문법 같은 공부나 열심히 하라고 충고하더군요. 그게 바로 내가 여섯 살의 나이에 화가라는 멋진 직업을 가질 수도 있었던 가능성을 포기했던 이유죠.

생텍쥐페리의 〈어린 왕자〉에 나오는 말이다. 코끼리를 삼킨 보아뱀을 어른들한테 보여준 '나'에게 어른들은 모두 비슷한 반응을 보인다. 그러자 '나'는 자신을 그 사람의 수준에 맞추어 버린다.

종종 어른의 틀에 맞추려고 하는 아이들을 만난다. 아무리 창의적으로 자신의 세계를 펼쳐도 아무도 자신을 보아주지 않을 때 아이들은 그만 마음의 문을 닫는다. 실망이 좌절이 되고 급기야는 포기한다. 그렇게 아이들은 평범한 어른이 된다. 아이들이 지닌 창의성의 싹이 일찌감치 잘라져버려 그 사회가 더욱 다양하게 성장할 수 있는 기회를 막게 된다.

어린 시절 한 번쯤 읽어 본 〈어린 왕자〉는 훌륭한 진로 교과서이다. 진로지도에 관한 수많은 안내서가 있지만, 아직 이를 뛰어넘은 책을 본 적이 없다. 작은 별에 있는 어른들의 모습은 수많은 직업과 그 직업을 대하는 어른들의 생각을 보여준다. 별을 찾아가는 어린 왕자에게 진로를 탐색하는 청소년들의 모습이 겹친다.

학교에서 진로 교육이 활성화되는 것은 매우 바람직하다. 진로진학 상담교사가 중심이 되어 각종 체험을 통해 학생들이 적성을 탐구하고, 직업체험을 함으로써 대학 진학이나 취업을 고민하게 한다. 다행스럽다. 입시 위주의 경쟁 교육에서 조금이나마 숨통이 트인다.

그러나 한편으로는 일회성 체험 행사나 성장단계를 무시한 프로그램을 반복적으로 진행하기도 해 아쉽기도 하다. 인문학적 철학을 바탕으로 자신의 흥미를 찾아내고 이를 기반으로 새로운 별을 찾아야 함에도 이미 존재하는 기존의 별에만 집중하게 하는 것은 아닌가 염려스럽다.

다시 〈어린 왕자〉를 읽어보자.

어른들은 모두 비슷한 반응을 보인다.

여러 사람이 반복적으로 비슷한 반응을 보인다면, 아이들은 자신의 꿈을 접을 수밖에 없다. 아이들은 상상력으로 자신의 꿈을 키운다. 아이들에게 상상력을 키우라고 말하기 전에 아이들이 가진 상상력의 싹을 자르는 어리석음을 범하는 어른들에게 먼저 진로 교육을 해야 한다.

많은 어른들이 진로 교육을 고민하지 않았다. 포노 사피엔스 시대에 어른을 위한 진로 교육으로 무엇을 어떻게 해야 할까? 일반적으로 학교 안에서는 진로지도의 로드맵이 다음과 같이 이루어진다.

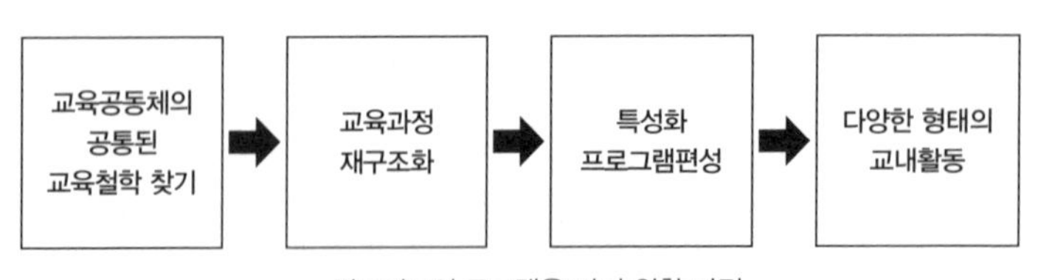

진로지도의 로드맵을 짜기 위한 과정

진로지도의 로드맵을 짜기 위해서는 열린 자세가 필요하다.

1. 교육공동체의 공통된 교육철학 찾기

미래사회가 요구하는 인재를 키우기 위해서는 기존의 학교 문화가 변해야 한다. 학교장은 학부모와 지역이 학교 운영에 참여하고, 학생들의 성장 동기를 부여할 수 있도록 리더십을 발휘해야 하고, 학생은 공부를 하는 자기만의 이유를 찾아 이를 바탕으로 자기주도학습을 해야 한다. 교사들도 달라져야 한다. 서로 소통하고 토론하는 문화가 활성화되도록 해야 한다. 아울러 학교가 꿈꾸는 비전을 공유하고 책임 분담을 통해 공통적으로 학교 문화를 변화시켜 나가야 한다. 이러한 각 구성원의 생각을 한데 모아 그 학교가 기르고자 하는 인재상을 함께 논의해야 한다. 이 인재상이 바로 공통된 교육철학이다.

2. 교육과정의 재구조화

학교마다 교육공동체가 함께할 인재상(교육철학)이 있다면 이 인재상을 기반으로 교육과정을 재구조화해야 한다. 다시 말해, 무조건 다른 학교의 교육과정을 따라가는 게 아니라 그 학교 나름대로 특성화된 교육과정으로 교육활동을 전개해야 한다. 교육과정은 학교 교육활동의 가장 기본적인 틀이다. 창의적이고 글로벌 리더십을 지닌 학생을 키울 것인가, 학생이 지닌 감성과 인성을 키울 것인가는 이 교육과정과 밀접한 관련이 있다.

3. 특성화 프로그램 편성

최근 학교마다 진로 프로그램이 많이 진행된다. 그런데 문제는 많아도 너무 많다. 이는 학생에게도 피곤하지만, 교사에게도 성가신 일이다. 그리고 많은 프로그램을 진행하다 보니 정규수업 시간에 소화를 하지 못한다. 이러다 보니 참 많은 문제를 낳게 된다. 교육공동체가 함께 논의한 교육철학이 있지 않은가. 그 철학을 바탕으로 교육과정 속에서 활동이 이루어지도록 해야 한다.

4. 다양한 형태의 교내활동

특성화 프로그램에 따라 활동 모양은 참으로 다양할 수 있다. 다양성이란 개인의 특성을 인정하고 그 특성에 맞게 활동할 수 있도록 도와준다는 의미가 있다. 교사들이 모든 것을 완벽하게 짜고 그런 다음 학생들을 모집한다는 의미가 아니라 처음부터 집단지성을 발휘하여 살아있는 유기체처럼 조직이 활성화되도록 한다는 말이다.

학교 안에 공동체가 일관된 분위기와 교육철학을 지니고 있다면 아이들은 한결 안정감을 느낀다. 즉흥적인 행사보다는 체계적인 교육과정에 더 신경을 써야 한다. 행사가 많으면 이것저것 신경 쓸 일이 늘어난다. 시간에 쫓기다 보면 모든 활동이 무의미해질 수 있다. 교사의 손짓 하나, 말 하나는 다 학교 교육과정 안에서 이루어져야 한다.

다시 〈어린 왕자〉를 읽어보자.

> 그들은 절대 이런 식으로는 물어보지 않을 거예요. "걔 목소리가 어떻든? 걔는 어떤 게임을 좋아하니? 걔는 나비 수집을 하니?" 대신 이런 걸 물어보죠. "걔는 몇 살이냐? 형제가 몇 명이야? 몸무게가 얼마나 돼? 걔 아버지는 얼마나 벌어?" 어른들은 이런 숫자들을 통해서만 그 사람에 대해 알 수 있다고 생각해요.

아이들이 관심 있는 것은 본질 그 자체이지만, 어른들은 그렇지 않다. 물질적인 풍요에 관심을 보이거나 외모를 기준으로 삼는다. 학벌, 재력 등으로 그 삶의 성공과 실패를 재단한다. 혹시 진로 교육을 담당하는 교사들이 어린 왕자의 질문을 받는다면 어떻게 대답할 수 있을까.

진로 로드맵은 우리 아이들이 성장 단계에 따라 자신의 가치를 찾고 다져가는 길이다. 동시에 어른 자신의 꿈도 이루는 계기가 되어야 한다는 사실을 명심해야 한다.

3장

포노 사피엔스가 원하는 진로 교육

지금 행복하면 왜 안 돼?

사랑이란,

상현이랑 농구공 주고받는 것

예의란,

수업 시간에 똑바로 이렇게 앉는 것

행복이란,

오늘.

- 유민이가 쓴 것

유민이는 몸이 불편한 아이다. 지금은 졸업했지만, 수업 시간마다 열심히 참여했다. 앞의 시는 국어 수업 시간에 쓴 것이다.

"오늘은 자기 느낌을 그대로 표현하는 수업을 할 거예요."

이 시간에 유민이는 이렇게 멋진 시를 썼다. 이 친구에게 사랑, 예의, 행복은 대단한 게 아니다. 그저 체육 시간에 짝이랑 농구공 주고받는 것이고, 똑바로 앉아 있는 것이다. 무엇보다도 감동적인 것은 이 구절이었다.

행복이란,
오늘.

2017년에 학생의 시선으로 바라본 교육환경의 변화 전망과 과제를 알아보기 위해 9개 고교 학생들과 프로젝트를 진행한 적이 있었다. 여기에 참여한 한 학생이 이렇게 말했다.

"저한테 제일 불안감을 줬던 건 대학이었어요. 원래 저는 대학을 가고 싶지 않았거든요. 근데 부모님이 원하는 게 대학이니까, 또 그리고 지금 사회는, 우리 생각은 '대학 안 가도 괜찮다'인데 우리 위의 부모님 세대는 '대학을 무조건 가야 된다.' 그런 추세니까 그런 생각을 갖고 계시니까 지금 제가 말하는 불안감은 주변 상황과 사람들을 '오롯이 따라가고만' 있어야 된다…." 아이는 '오롯이 따라가고만' 있다고 말하며 불안감의 원인을 진단했다.

이런 모습은 대입전형 기간이면 자주 보게 된다. 상담실에는 부모들이 아이의 손을 잡아끌고 들어온다. 굳이 '잡아끌고'라고 표현하는 까닭은 다름 아니다. 아이는 상담하기 싫다는데 부모가 억지로 데려오기 때문이다. 대부분 이미 몇 군데에서 상담을 한 경우가 많다.

그날도 그랬다. 아이의 팔이 길게 늘어졌다. 싫다는 기색이 완연하다. 엄마 손에 든 쪽지를 보니 6개 대학 이름과 학과, 전형이 적혀 있다. 이미 다른 곳에서 충분히 상담을 하고 난 뒤에 다시 오신 거다.

"너는 무슨 공부를 하고 싶니?"

아이를 보며 말을 건넸다.

"그러지 말고 이 6개 대학 중에 꼭 합격할 수 있는 곳을 찾아주세요."

아이는 자신이 가고 싶은 학과가 따로 있었다. 아이가 말할 때마다 엄마가 나선다.

"재가 저래요. 그 과에 가서 무얼 하려는 건지. 성적도 좋은데 이 정도는 가야 하지 않겠어요?"

아이의 얼굴에 원망의 그림자가 지나갔다.

학교에 교생 선생님이 오셨다. 생글생글 밝은 표정이 보기 좋았다. 덩달아 기분이 좋아진다.

"전공은 언제 선택했어요?"

"고3, 8월에 정했어요."

"어떤 계기가 있었나요?"

"사실 고3이라고 해도 전공까지 정하거나 그렇지 않아요. 적당히 점수에 맞추어 가는 경우가 많지요. 저는 고3이 되면서 체육 교사가 하고 싶더라고요. 그래서 엄마, 아빠를 설득하고 8월부터 준비를 했는데 합격한 거죠! 운이 좋았다고나 할까요!!"

"짧은 시간에 실기까지 준비해야 했을 텐데, 어떻게 했어요?"

"실기도 필요했지만, 성적도 중요했죠. 실기는 체육 선생님 도움을 받았고요. 학교 공부를 끝까지 놓지 않았어요. 대학에 들어가니 정말 즐거워요. 실기를 하는 것도 재밌고, 친구들하고도 잘 지내고 있어요."

고3 8월 전까지만 해도 진로를 결정하지 못하다가 갑자기 체육을 전공하고 싶었단다. 그전에 높이뛰기를 좀 하긴 했지만, 그래도 자기 길이 될 줄은 몰랐다고 한다.

"참 행복해요. 즐겁고요."

우리 학생들에게 진로 결정을 어떻게 했는지, 그리고 무엇에 유념해야 하는지 꼭 말해달라고 부탁했다.

자기가 굳이 하고 싶은 것이 없다는 사실에 불안해하는 아이가 많다. 어린 시절에는 학부모들도 '내 아이가 잘하는 것'에 관심을 갖는다. 아이의 꿈은 무엇인지, 그 꿈을 위해 우리 아이는 무엇을 하고 있는지, 무엇을 해야 할지를 천천히 살펴본다. 그러나 이런 기다림은 아이가 고3이 되면 곧 조급증으로 바뀐다. 진로를 강요하기 시작한다.

미래학자들은 우리 아이가 살아야 갈 시대는 지금과 매우 다르다고 한다. 평생직장이라는 말도 사라지기 시작했다. 한 아이가 살아가면서 갖게 될 직업도 몇 가지가 될 것이다. 인생에서 대학은 자신의 장점을 더욱 탄탄하게 만드는 과정이며, 동시에 새로운 세계로 나아가는 출발점 중 하나이다.

아이는 어떤 삶을 살고 싶어 하는가?
아이가 즐겁게 하는 일은 무엇인가?

아이가 살고 싶어 하는 삶을 위해, 그리고 즐겁게 살아갈 일을 할 수 있도록 길을 선택해야 한다. 고등학교를 졸업하고 바로 대학에 들어가지 않아도 된다. 우리 주위에는 이런 길을 선택하는 20대가 참 많다. 그들은 자기 자신을 깊이 들여다보고 성장하여 더 멋지게 삶의 주체가 되어 살아가는 것을 자주 목격한다. 우리 아이들이 어른이 된 사회는 하고 싶은 일을 하다가 필요한 때에 필요한 공부를 하는 것이 자연스러운 시대가 될 것이다.

덴마크 학생들이 우리 학교를 방문했을 때 우리는 창의적체험활동 시간을 기꺼이 열어 동아리 수업을 했다. 수업이 끝난 후 아이들은 톡톡 콘서트라고 해서 서로 질문하고 대답하는 시간을 가졌다. 저녁에는 삼겹살 파티를 열어 함께 음식을 먹고 어두운 운동장에서 '무궁화꽃이 피었습니다'와 축구를 했다.

덴마크 아이들은 동아리 활동을 하면서 컵, 부채, 거울, 팔찌 등을 만들어 가져갈 수 있다고 즐거워했다. 그리고 전통놀이를 다시 해보고 싶다고 했으며, 비빔밥이 맛있다고 했다. 평소에 하지 않은 과학실험이 인상적이었고, 무엇보다도 함께 만들면서 한국 학생들과 자연스럽게 가까워지는 것이 좋았다고 했다.

우리 학생들도 비슷했다. 처음에는 낯설어했지만, 곧 10대들 특유의 친화력으로 다가갔다. 다른 사람의 외모에 대한 언급은 자칫 차별이 될 수 있다는 말에 놀라워 했고, 덴마크 아이들이 자신에 만족하고 행복하게 지내는 모습에 충격을 받았다.

이 질문에 우리 아이들은 공부 잘하는 10%보다 하고 싶은 일을 하고 사는 행복한 90%가 되는 사회가 더 행복하다고 말하는 덴마크 아이들에게 많이 배운 것 같았다.

"너는 행복하니?"

우리 아이들은 열이면 열 다 고개를 가로저었다. 반면에 덴마크 아이들은 전부 고개를 끄덕였다. 공부를 하는 이유가 행복하기 위해서라는데 그럼 지금 행복하면 왜 안 되냐는 질문에 우리 아이들은 매우 당황했다.

EBS의 '건축탐구 집'이라는 프로그램을 본 적이 있다. 독일 출신 언론인인 안톤 숄츠의 집을 방송인 다니엘 린데만과 건축가 임형남이 찾아가 이야기를 나누는 장면은 몇 번이나 돌려 보았다.

"외국 사람의 관점에서 되게 재미있게 보는 건데, 한국 사람들은 집뿐만 아니라 차도 그래요. 포장용 비닐을 다 안 뜯어요. '도대체 왜 그러는 거야~' 나중에 되팔기 위해 최대한 깨끗이…. 살 때부터 파는 거에 대해서 생각하고 있으니까. 이거는 아니라고 생각해요."

안톤 숄츠의 말에 임형남은 '행복 유보'라고 정리했다. 우리나라 사람은 언젠가 행복할 미래를 위해 지금의 행복을 유보한다고. 그래서 이렇게 말한다고.

"지금은 참아."

"지금, 이 순간 행복하지 않으면 너의 모든 인생은 행복하지 않다. 지금 행복하면 너의 모든 인생이 행복하다." 안톤 숄츠의 말에 다니엘이 덧붙인다.

"Yesterday is history, Tomorrow is a mystery. Today is a gift. That's why it's called the Present."

(어제는 역사이고, 내일은 수수께끼이다. 오늘은 선물이다. 이것이 현재를 선물이라 말하는 이유이다.)

그래. 지금 행복하면 왜 안 돼?

우리 학교가 불행한 공간이 아니라 행복한 공간이면 좋겠다. 학생들이 지금도 즐겁고 행복하길 바라고, 교직원들이 함께 행복하면 참 좋겠다. 그리고 앞으로도 행복하기를 바란다. 선물 같은 오늘 때문에 행복하면 좋겠다.

일어날 때까지 기다릴 수는 없나요

1980년 4월 1일생

장애인 노르딕 스키팀 국가대표

평창 동계패럴림픽에서 한국 첫 금메달

단 석 줄로도 넘치는 감동을 주는, 이미 감동이 넘치는 사람이 있다. 교통사고로 장애가 생기고, 베트남 출신의 아내를 만나고, 재활을 위해 운동을 했던 신의현 선수.

"괜찮아. 아빠는 더 많이 넘어졌어. 넘어졌으니까 여기까지 온 거야."

역주를 하던 신의현 선수가 넘어지자 안타까워하는 딸에게 엄마인 김희선 씨는 말했다.

'넘어졌으니까 여기까지 온 거야.'

실패는 두렵다. 좋아하는 일이라고 해서 매번 성공하는 것은 아니다. 또, 살아가는 동안 성공이 그리 많은 것도 아니다. 수많은 실패의 기억은 사라지고 몇 번의 성공에 대한 즐거움으로 우리가 살아가는 것인지도 모른다. 자기가 정말 좋아하는 일이라면 넘어져도 다시 일어난다. 일어나야 마침내 성공한다.

우리 아이들 역시 멋진 삶을 살기 위해 준비를 많이, 오래 한다. 실패할까 봐 주저할 때도 있다. 실패도 한다. 그래도 절망감을 이겨내고 한 번 더 일어서려고 한다. 스스로 일어나야 한다. 우리는 그들을 격려하고 버팀목이 되어야 한다.

"괜찮아. 일어나면 돼. 넘어지면 다시 일어나면 돼."

넘어지는 모습, 실패하는 모습을 부끄럽게 여기는 사람이 많다. 넘어진 사실이 부끄러운 것이 아니다. 쓰러지고 일어나지 않는 것이 부끄러운 것이다. 우리는 다른 사람에게 약한 모습을 보이는 것도 싫어한다.

한국 학생들과 상담할 때 느끼는 특이한 점이 있습니다. 자기의 약점을 얘기하라고 하면 줄줄 말하던 학생도 장점을 말하라고 하면 꿀 먹은 벙어리가 된다는 사실입니다. 어른도 마찬가지입니다. 자신의 단점을 말하는 것은 스스로를 낮추는 겸손한 태도일 뿐 아니라 자기 발전을 위해 꼭 필요한 채찍질 같은 것이라는 사회적 통념이 있는 것 같습니다. 그러나 장점을 말하는 것은 자신을 내세우는 부끄러운 일이라고 생각합니다.(조세핀 김, 『교실 속 자존감』)

자신의 장점을 말하는 것이 어렵다 보니 다른 사람을 칭찬하는 법도 매우 서툴다. '넘어졌으니까 여기까지 온 거야'라는 말은 김희선 씨가 베트남에서 자란 사람이라 가능했을 수도 있다.

유난히 우리 주위에는 가난 극복기가 많다. 대입 면접이나 취직 합격 사례에서도 마찬가지이다. 실패는 극복해야 하고, 한 우물만 파야 성공한다는 신화를 지니고 있다. 그러나 실패하면 어떤가? 중요한 것은 다시 일어서는 것이다.

대입 면접을 도와달라는 아이들이 있다. 학교생활기록부를 꼼꼼히 읽고, 지원 대학의 성향을 찾아 이야기를 나눈다. 학생이 3년 동안 무엇을 공부했는지, 어떻게 학교생활을 했는지, 앞으로 무슨 공부를 하고 싶은지 선발자의 입장에서 질문한다. 질의응답이 어느 정도 지나면 아이들 목소리가 점점 작아진다.

"면접은 잘했다, 잘못했다가 아니야. 입학사정관들은 네가 궁금한 거야. 너의 학교생활이 궁금하거든. 공부는 어떻게 했고, 친구들하고는 어떻게 지냈는지, 이 책을 읽을 때는 어떤 생각을 했을까, 그리고 우리 학교를 왜 지원했을까, 앞으로 어떤 공부를 하고 싶을까 등등."

"3년 동안 네가 하고 싶었는데 못 한 건 없을까. 그건 왜 못했지? 아직도 그걸 하고 싶니?"

"소통에서 가장 중요한 출발점은 상대방과 내가 같은 생각을 하고 있는지 아는 것이야. 이 개념을 나는 이렇게 이해하고 있다고 말해야겠지."

아이마다 대화 내용은 다르지만, 그래도 결론은 하나이다.

"잘했어. 너는 이미 잘하고 있어."

우리는 이미 잘하고 있는데도 이상하게 기죽어 있다.

아이들은 저마다 빛난다.

'질문을 하려면 자연히 교사의 이름을 불러야 하니, 아들은 차마 손을 들지 못했다. 어색하기도 하고 죄송한 마음까지 들어 부를 수가 없었단다.'

스페인에서 자녀를 학교에 보낸 어느 교민의 이야기이다.

스페인 학교는 '선생님'이라고 부르지 않고 이름을 부른다. 서양 문화이니 한국 학생이 가서 적응하기는 어려웠다. 차마 이름을 부르지 못하고 주저하니 담임교사는 학부모를 호출했다.

"자신감이 부족한 것 같아요. 자기 의사를 말할 줄 모르는 것인지, 아니면 스스로 생각하는 것을 어려워하는 것인지 알 수 없어요."

교사의 말에 학부모는 한국 학교 문화를 이야기해주었다. 그러자 교사는 미소를 지으며 아이의 손을 잡았다.

"내 이름은 요란다야. 알고 있지? 우리 수업은 너와 내가 함께 하는 것이니, 궁금한 것이 있다면 언제든지 질문하고, 네 생각을 솔직하게 말해주렴."

'우리 수업은 너와 내가 함께하는 것' 교사와 학생이 함께 운영하는 수업. 말은 쉬운데 우리는 낯설다. 그래도 울림이 있다. 그래, 우리 수업은 너와 내가 함께하는 것이야.

함께하는 수업의 출발은 무엇일까? 그것은 실패도 인정하고 아이가 다시 일어설 때까지 기다려야 한다. 그것이 '존중'이다.

한 선생님이 복도 공간에 학생들의 결과물을 전시하고 계셨다. 좋다, 나쁘다는 판단이 아니라 아이가 얼마나 정성을 쏟았을까를 보고, 수업 시간에 함께한 결과물을 아이들이 성장하는 밑거름이 되도록 배려하는 모습에서 아이들은 언제라도 다시 일어설 힘을 얻을 것이다.

아이들은 말한다.

우리가 쓰러지더라도 기다려 주세요. 혼자 일어날 수 있어요.

저는 이렇게 바뀌는 사람이에요

"제 인생에 대해서, 가치관이나 신념이 확고한 사람도 아니고요, 상황에 따라서 손바닥 뒤집듯이 뒤집히는 사람이에요. 딱 말을 하기가 어렵죠. 1분 후에 바뀔 수도 있으니까. 네, 저는 이렇게 바뀌는 사람이에요."

가수 아이유의 말이라고 한다.(쓰기의 말들, 2020)

멋지다. 바뀌는 사람이란다. 바뀐다. 손바닥 뒤집듯이 뒤집히는 사람이란다. 나를 기꺼이 바꿀 수 있다는 말속에는 자신감이 묻어난다.

방탄소년단이 유엔에서 한 연설은 아이유의 말과 겹친다.

우리의 초기 음반의 인트로 트랙 중 하나에는 이런 가사가 있습니다.
"아홉살 때 쯤 내 심장이 멈췄지."
되돌아보면, 그때쯤 아마 다른 사람이 나를 어떻게 생각하는지를 걱정하기 시작했던 것 같습니다. 그리고 타인의 눈으로 나를 바라보기 시작했습니다.
저는 더 이상 밤하늘을, 별들을 보지 않았고, 꿈을 꾸는 일도 멈추었습니다.

타인의 눈으로 나를 바라보다가 그만 밤하늘을, 별들을, 심지어는 꿈을 꾸는 일도 멈추게 된다. 그럴 바에는 타인의 눈을 거부하고 나를 바꾸는 편이 낫다.

이참에 아이유라는 가수는 어떤 노래를 불렀을까 찾아보았다. '바뀐다'는 것을 여유롭게 말할 수 있을 정도의 내공이라면 노래도 예사롭지 않을 것이다. 음악 앱에서 앨범을 선택했다. 편안하게 부르는 노래에 마음도 넉넉해졌다. 그러다가 가사 한 줄에 걸음을 멈추었다.

'난 나의 보폭으로 갈게.'

왜 이리 크게 들렸을까. 가사를 찾아보았다. 〈언럭키(Unlucky)〉라는 노래이다.

난 나의 보폭으로 갈게

불안해 돌아보면서도

별 큰일 없이 지나온 언제나처럼

이번에도 그래 볼 게

길을 잃어도 계속 또각또각 또 가볍게 걸어

There's no right 실은 모두가 모르는지도 몰라

어쩌면 나름대로 더디게 느림보 같은

지금 이대로 괜찮은지도 몰라

'나의 보폭'이라는 말과 '나름대로 더디게 느림보 같은'이라는 두 구절에 꽂혀 산책길은 내내 위로였다.

함민복 시인은 '흔들린다'라는 시에서 나무는 '흔들리지 않으려 흔들렸었구나'라고 표현했다. 흔들리지 않으려 흔들리는 것과 기꺼이 나는 바뀐다고 말하는 용기는 어쩌면 같은 맥락인지도 모르겠다. 이제부터 해야 할 일은 나의 보폭으로 걷고 나름대로 더디게 느림보 같은 모습일지라도 꾸준히 가는 것이다.

내리막길을 조심스레 걸으시는 어르신이 갑자기 인사를 한다.

"죄송합니다. 불편을 드립니다."

불편한 다리로 천천히 내려가니 행여 길을 막아 불편할까 봐 먼저 인사를 하시는 거다.

"아닙니다. 전혀 불편하지 않습니다. 천천히 조심해서 내려가세요."

어르신은 어르신의 보폭으로, 나는 나의 보폭으로 기꺼이 바꿔며 걷는다.

사당에서 만난 친구는 참 늙어 보였다. 풍성하던 머리카락이 성글어진 것이야 그렇다 하더라도 눈썹까지 하얗게 센 모습에 세월의 흔적이 고스란히 드러나고 있었다. 유쾌함은 여전하니 다행이다. 이 친구는 중학교 국어 교사이다. 이제는 할아버지 교사라며 너스레를 떨고, 손주뻘의 제자가 생겼다며 유쾌하게 할아버지 교사 생활을 즐기고 있었다.

적어도 이때까지만 해도 이렇게 생각했다. 자리에 앉아 간단하게 악수를 하고, 곧 이런저런 이야기의 바다로 빠져든 우리는 금요일 밤을 젊은 그 시절로 되돌렸다. 명예퇴직한 동료 이야기며 젊은 시절 이야기들이 뒤섞였다. 친구는 주섬주섬 자기 가방에서 책 한 권을 꺼냈다.

"올해도 또 했어?"

"비슷하기는 하지만 달라."

친구는 손주뻘인 학급 아이들과 매년 학급문집을 만들었다. 어느 출판사에서 지원을 받아서 했는데 올해는 지원을 받지 못했다고 한다. 그래서 다른 방법으로 만들었는데 15만 원 정도 들었다.

덤덤하게 건네주기에 덤덤하게 받아 가방에 넣었다.

다음 날 아침, 친구가 준 소중한 책을 찾아 읽어 보다가 여전히 젊은 피터 팬으로 사는 친구를 발견했다. 그곳 네버랜드에서 학급 아이들과 명랑하게 살고 있었다.

'당신은 이 책이 갑자기 생각이 나서 꺼냈을 수도 있고,
방 정리를 하다가 우연히 발견했을 수도 있습니다.
각자 이 책을 꺼내고,
펴게 된 과정은 서로 다 다르겠지만,
좋았던 날들을 회상할 수 있는 의미 있는 책이 되길 바랍니다.'

부드럽게 들려오는 친구의 목소리가 책 속으로 나를 이끈다. 재기발랄한 아이들의 글이 툭툭 튀어나오고. 그 속에서 함께 어울리는 친구의 목소리도 들린다.

'슈비리두비룹바 샤랄랄라 샬라!'

그는 학급 아이들과 함께 이 주문을 외며 살아간다.

책 속에는 친구를 닮아 귀엽고 발랄한 아이들이 재잘재잘 말하고 있다.

저는 말버릇이 있습니다. 그것은 "지울까요?"와 "다시 할까요?"인

데 항상 선생님의 말씀을 다 듣지도 않고 그 말부터 하니까 극단적이라고 합니다. 저랑 친한 고3 언니가 있어요. 몇 주 전에 제가 핸드폰 찾는 걸 도와줬는데, 그 이후로 가끔 같이 지하철역에 갑니다. 그런데 그 언니도 말을 극단적으로 하나 봅니다. 선생님이 저랑 언니랑 붙어 앉아 있으니 쌍으로 극단적이라고 합니다. 적어도 전 극단적인 사람이 아닙니다. 아무튼, 너무 좋은 사람들입니다. 저랑 같이 있어 주는 것만으로도 기뻐요.(이○원)

아이들이 어른들의 화에 대처하는 유형은 다양하다.
보이지 않는 보호막을 둘러치고
자신을 굳게 지킬 줄 아는 바다
몰아치는 파도 위의 나뭇잎 한 장처럼
이리저리 휩쓸려 다니는 바다
꿋꿋이 나아가다가 침몰하는 배처럼
서서히, 그렇지만 숨 막히게 잠겨버리는 바다 (선○은)

어른들은 아이들을 멈춰 있는 그림으로 바라보지만, 아이들은 늘 움직인다. 그들은 언제라도 변할 준비가 되어 있고 변한다. 아이들이 꿈을 꾸지 않는다고 생각하는 것은 어른들일 뿐이다. 아이들은 늘 꿈을 꾼다.

비록 꿈을 이루는 것은 하늘의 별을 따는 것처럼 정말 어렵고
내 실력, 성적으로 가기는 정말 부족해서
꿈을 이루기는 어려울 것 같지만
난 꼭 꿈을 이루고 싶다!! (강○리)

꿈을 꾸었다.
그 꿈에서 되게 행복했다.
친구들과 어른이 되어서
함께 놀러 가는 꿈이었다.
세상의 많은 꿈 들을 바라보며
나는 오늘도 꿈을 꾼다. (김○하)

그들의 '랜드'에서 아이들은 신나 보인다. 다행이다. 발음하기도 어려운 주문을 유쾌하게 외치고, 호탕하게 웃으며 그들의 '랜드'에서 즐겁게 지내는 친구를 그저 부러운 마음으로 지켜본다. 아직도 이렇게 젊고 유쾌하게 자신을 바꾸며 살아가는 친구가 마냥 부럽다. 세월이 흐르고 나이가 든다고 지레 늙기보다는 자신의 영역을 넓히는 멋진 친구가 고맙다. 친구처럼 가벼운 몸으로 날지는 못하더라도 그래도 호탕하게 웃으며 주문을 외워 보련다.

'슈비리두비룹바 샤랄랄라 샬라!'

우리 사회는 아이들에게 바뀌는 것을 용납하지 못하고, 천천히 걷는 것을 참고 견디지 않는다. 그렇지만 아이들은 변화무쌍하다. 하루에도 몇 번씩 하고 싶은 일이 바뀐다. 호기심이 많기 때문이다.

아이들은 말한다. 나는 바뀌는 사람이라고.

정말 좋아하는 것을 찾아서

"왜 대학에 가려고 하니?"

지우를 만났을 때 건넨 첫 마디였다.

지우는 고등학교를 도중에 그만두고 혼자 독일로 건너가 일 년 동안 공부하다가 돌아왔다. 한국 사람이라고는 하나도 만날 수 없는 시골 어느 마을에서 독일 아이들과 어울리며 일 년을 지냈다고 한다.

검정고시를 준비하고 대학에 가고 싶다며 어렵게 수소문해서 찾아왔다는데, 첫 질문이 '왜 대학에 가려고 하느냐'였으니 참 짓궂다. 어렵게 찾아와 대학 가는 방법을 알려달라는 친구에게 처음 건넨 질문이 '왜?'였으니 말이다.

지우는 학교 공부가 싫었다고 했다. 매일 교과서에서 벗어나지 못하는 수업 방식은 딱 질색이었다. 요리와 관련 있는 일을 하고 싶단다. 멋진 셰프가 되는 것도 좋지만, 푸드 디자이너가 되고 싶다고 했다. 한국에서 고등학교를 다닌 일 년 동안 요리사 자격증을 취득했다. 그러다가 푸드 디자이너를 꿈꾸며 독일로 갔다. 무엇보다도 독일어를 배운 적이 없는데도 용감하게 혼자서 독일로 건너갔고, 거기서 또 일 년 동안 멋지게 보냈으니 참 대단한 아이이다.

녀석은 "제가 하고 싶은 일, 진짜 좋아하는 것이 무엇인지 찾아보려고요"라고 대답했다. 대견했다.

'요 녀석 봐라.' 속으로는 놀랐지만, 또다시 질문했다.

"그럼 꼭 대학에 가야 할까? 안 가도 찾을 수 있잖니? 네가 좋아하는 일."

"네, 넓어요. 사람도 많고요. 제가 독일에 가서 참 많은 나라에서 온 제 또래 아이들을 만났는데요. 그 아이들은 적어도 자기가 무엇을 좋아하는지, 어떻게 해야 하는지 알고 있었어요. 하지만 저는 직업만 생각했거든요. 푸드 디자이너가 되어야겠다. 이건 직업이고, 제가 이런 직업을 갖게 되더라도 행복할 수 있을까? 이 질문에는 자신 없었어요."

독일에서의 생활이 아이를 이렇게 깊게 했을까? 아니면 워낙 천성이 그런 것일까? 눈동자가 참 맑아 보였다. 이렇게 예쁜 아이구

나. 참 깊은 아이구나. 그래도 조금 더 질문을 했다.

"그래. 그런데 왜 대학에 가야 한다고 생각했니?"

독일에서 만난 친구 때문이란다. '행복할 수 있을까?'라는 질문이 자신을 붙들 때 이야기를 나눈 독일 친구는 이렇게 말했다.

"지금은 모르는 것이 너무 많아. 대학에 가면 지식도 지식이지만, 무엇보다도 사람들을 만날 수 있어. 나를 가르쳐 줄 사람을 만나면 세상은 훨씬 빨리 문을 열거야."

멋진 사람 옆에는 그만큼 멋진 친구가 있나 보다.

이미 지우는 대학에 가려는 이유가 분명했다. 가서 무엇을 해야 하는지를 잘 알고 있었다. 그러니 검정고시 끝나고, 대학 원서 쓰는 기간, 전형일 등을 알려주는 것으로 상담은 끝났다. 짧은 상담 시간이었지만, 상담 내내 마음이 벅찼다. 지우 얼굴에도 웃음이 가득했다. 곧 대학에 합격했다는 소식이 들려왔다. 아마도 지금쯤은 대학 생활도 멋지게 하고 있을 것이다. 무엇보다도 자기가 진짜 좋아하는 것을 찾아낼 것이고, 무척 행복하게 살 것이다.

우리는 이런 말을 참 쉽게 한다.

"네가 좋아하는 일을 하렴."

어른들도 잘 모르는 이 말을 왜 이리 쉽게 할까. 듣는 사람 입장에서 참 어려운 말이다.

'스스로 해라.'

'좋아하는 일을 하렴.'

'하나하나 차근차근 해라.'

막상 어른들에게도 너무나 어렵다.

"내가 정말 좋아하고 잘하는 것이라면 포기하지 않고 다시 도전해야 한다고 생각해요."

빈 소년 합창단 최초의 여성 지휘자이자, 최초의 아시아인 지휘자로 활약하며, 오스트리아에서 그 해 가장 훌륭한 합창지휘자에게 주는 '오트너 프라이스(Ortner Preis)'를 수상하기도 했던 김보미 교수. 명예롭고 정년도 보장된 자리, 최고의 예술적 영감을 받을 수 있는 그곳에서 그녀는 한국으로 돌아왔다. 한국에서 "학생들과 음악으로 대화하는 매 순간순간이 감격"이라는 그. 좋아하는 일을 하는 사람에게는 오직 그 좋아하는 일만 보이는 법이다.

그도 부모의 반대로 음대에 진학하려는 목표를 이룰 수 없었다. '음악을 공부하고 싶다'는 생각이 더 강해 결국 다니던 대학을 그만두고 교회음악과에 입학했다.

'교사들이 대부분 보람 있는 교사로서의 삶을 살고 있나?

교사들은 교육을 통해 늘 성장하고 있나?

학생들은 행복한 학교생활을 하고 있나?

학생들은 학교 교육을 통해 자신과 삶을 긍정하는 행복한 인간으로 성장하고 있나?'

무려 20여 년 전, 대안교육을 공부하면서 받았던 질문이 여전히 유효한 사회. '다 너를 위해서야'라는 말로 아이들을 꼼짝하지 못하게 하는 교육. 20여 년 전 질문이 그대로 유효하고, 세계적인 지휘자로 이름을 날리는 교수조차도 하고 싶은 일보다는 부모가 원하는 일을 하기 위해 대학에 진학해야 한다면 우리에게 교육은 무엇일까.

이번에는 아들 얘기다. 치과 의사를 꿈꾸는 아들은 공부하느라 바쁜 와중에도 놓지 않는 게 있다. 바로 주짓수라는 운동이다. 심지어는 대회까지 출전한다. 이것만 하면 다행이지. 때마다 학교 조정클럽에 참여하여 시합도 하고 전지훈련 한답시고 합숙까지 한다. 게다가 방학이면 아예 해외로 날아간다. 그곳 서핑학교에 등록하여 즐긴다.

"힘들지 않니?"

공부만으로도 시간을 내기가 빠듯할 텐데 이러고 다니니 걱정스럽다.

"수업에 집중하려면 필요해."

거의 매주 어떤 형태로든 시험이 있다고 한다. 그래도 잘 쫓아가는 걸 보면 대견하다.

아들이 진로를 이리 정한 것은 군에 다녀온 후였다. 그 전까지는 노상 무엇을 해야 할지 모르겠다는 말을 입에 달고 살았다. 학점

관리도 제대로 되지 않았다. 군에 다녀온 아들은 목표가 생겼다며 공부에 매진하기 시작했다. 자기가 목표한 삶을 살기 위해 문을 하나씩, 열심히 열어젖힌다.

"왜 대학에 가려고 하니?"

요즘도 아이들을 만나면 이런 질문을 한다.

대학에 가는 이유도 많다. 그런데 애써 대학에 가서 길을 잃는 경우가 많다. 대학보다 어떤 삶을 살 것인가를 배우는 일이 더 소중하다. 미래는 '어떤 직업을 택하느냐'보다 '어떤 삶을 사느냐'가 더 가치가 있다.

우리의 시간을 존중해 주세요

이방인들로 구성된 하와이. 본토박이들도 한때 미국인에게 이방인 대접을 받았단다. 선생님은 '이방인으로의 태도'를 강조했다. 서로 존중하며 모두 받아들이는 것. 그게 알로하 정신이란다.

선현경의 '잠시 멈춤'(경향신문 2018.6.29.)에 나오는 글이다.

하와이 원주민인 훌라 선생님은 어릴 적에 학교에서 영어를 배워야 했는데, 쉬는 시간조차 영어로 놀아야 해 불편했다고 한다. 하와이어를 쓰면 손등을 맞았다. 하와이 사람들을 무시하고 천시하던 시절, 해변 호텔에 하와이 원주민들이 기웃대지 못하도록 커튼을 치거나 벽을 세워 하와이 사람들을 차단하던 시절이 있었다고 한다. 심지어는 인종을 표시하라는 서류에 '백인' '흑인' 그리고 '다른 것들' 세 칸으로만 분류되어 있었다. 다른 것들이라니!!

훌라 선생님은 이방인으로서의 태도를 늘 강조한다. 여기는 미국이지만 하와이고, 여러 나라 사람이 같이 사는 땅이니 함께 받아들이기 위해 모든 문을 활짝 열어두라고 말이다. 한국인은 한국문화를, 일본인은 일본문화를, 중국인은 중국문화를 갖고 있으니 서로 존중하자는 말이다. 없으면 없는 대로, 이상하면 이상한 대로. 고치려고 하지 말고 있는 그대로 받아들이자고 한다. 모두 열어두고 받아주는 마음. 그게 알로하 정신이라며 다 같이 존중하자고 말한다. 우리 아이들도 간절하게 원한다. 서로 존중하며 모두 받아들이는 일이 결코 쉽지 않지만, 우선 어른들부터 실행해야 할 일이다.

훌라 선생님 이야기는 계속된다. 필자인 선현경이 실수를 하자 이런 말을 했다고 한다.

"넌 지금 잘하고 있는 거야. 실수를 하고 있잖아. 실수를 한다는 건 좋은 징조야. 네가 점점 나아지고 있다는 거거든. 노력하니까 실수도 하는 거야. 실수를 하고 나면 틀린 걸 알게 되고, 그럼 고칠 수 있거든."

교사로서 살아온 삶을 되돌아본다. 실수한 아이들, 실패한 아이들에게 어떻게 했지? 더 구박하지는 않았을까, 비난하지는 않았을까? 실수하고, 실패하고 좌절할 때 훌라 선생님처럼 말해주는 사람이 있다면 얼마나 큰 힘이 될까.

학부모들 모임에 열심히 나갔다. 소문이나 잘못된 정보로 마음 앓이 하는 분들에게 조금이나마 정확한 정보를 알려드리고 싶었기 때문이다. 한 달에 한 번은 정기적으로, 필요에 따라 소규모로 만나기도 했다. 입시 얘기를 할 때도 있었지만, 대부분 우리 아이를 어떻게 키울 것인가에 집중했다. 사정에 따라 휴일 오전에 하기도 하고, 조금 먼 지역은 휴일 오후에 만났다.

불안과 평정 사이에서 어떻게든 중심을 잡으려 노력하고 있습니다. 아이한테는 인생의 갈림길은 수도 없이 많으니 많은 경험과 책을 통해 진로를 찾고 지혜를 배워야 한다고 말하죠. 혼자서 해보겠다며 1차 지필 끝냈는데 영어, 수학을 아예 망쳤는지 점수를 말하지 않더라고요.(굳이 추궁하진 않았습니다)
1차 지필 끝나고는 알바를 해야 한다며 주말에는 알바하러 가고 친구들과 많이 어울리며 다니는 중입니다. 교육이 점차 성적 위주의 인재를 키워내는 게 아닌 창의융합형 인재와 문제 해결력 인재를 키워낸다고는 하지만, 대한민국의 현실은 아직 아니라는 걸 17살 아이들도 어느 정도는 알고 있으리라 생각이 듭니다. 현실성을 강조해야 할까, 이상향을 강조해야 할까 늘 고민입니다.

어느 학부모가 주신 편지이다. 대부분 고민하는 지점이 비슷하다. 머리는 창의융합형 인재, 문제 해결력 인재가 필요하다는 걸 알지만, 눈은 자꾸만 현실을 바라본다.

종종 학생들과 함께 읽는 〈어린 왕자〉에는 몇몇 핵심어가 자주 등장한다. '별', '마음', '관계' 등이다. 어린 왕자가 이런 말을 한다.

"사람들은 모두 별을 가지고 있어."

어른들에게 별은 자기만의 굳어버린 세상을 의미하기도 하지만, 아이들에게 별은 각자의 꿈이다. 그 꿈으로 아이들은 자기별을 만들어간다.

> 하지만 그 별들은 사람에 따라 달라.
> 여행하는 사람들에게 별은 길잡이야.
> 다른 사람한테는 하늘에서 반짝이는 작은 것일 뿐이고,
> 학자들에게는 문젯거리이고,
> 사업가에게는 재산이 되는 거야.
> 하지만 별은 모두 침묵해.
> 아저씨만은 다른 사람들이
> 가지지 못한 별을 가지게 될 거야.

우리 아이들도 모두 하나의 별이다. 그 별에는 장미가 있기도 하

고, 양이 있기도 하다.

"네 장미를 소중하게 만든 건 네가 장미에게 헌신한 시간이야."

봉준호 감독은 또 다른 영화감독 마틴 스코세이지의 영화를 보면서 그 사람의 예술 철학을 마음에 새기고 배워나가고 결국은 자기것화(개인화)했다. 젊은 시절부터 반복해서 공부하고 또 그것을 형상화하기 위해 단편영화를 만들고, 사람들이 알아주지 않더라도 꾸준히 자기 세계를 만들었다.

무엇엔가 헌신하고 소중하게 만든 시간. 성공은 어느 날 갑자기 운명처럼 다가오지 않는다. 헌신하고 소중하게 만드는 시간이 쌓여 이루어진다.

우리 아이들은 말한다. 자기가 하고 싶은 일을 끈기 있게, 자기 세계를 더 깊게 만들어가는 모습, 그리고 그 과정에서 만나는 사람들을 존중해 달라고. 우리가 해야 할 일은 아이가 자기가 하고 싶은 일을 하면서 포기하지 않게 지지하고 응원하는 것이다.

힘 빼는 일은 그만

어른들은 아이들에 비해 조급한 편이다. 그리고 종종 자신의 경험값으로 아이들을 판단하기도 한다. 심한 경우는 자신의 판단이 옳다고 아이들에게 강요하기도 한다. 이른바 '나잇값'으로 밀어붙이는 것이다.

내가 살아봤더니~
이미 다 알거든~
네가 아직 어려서 그러는데~

아이들은 이런 말이 딱 질색이다. 논리적인 설득이 아니라 나잇

값으로 누르려는 행동은 '꼰대'의 전형이다. 어른들은 아이들에게 아무런 설명도 하지 않은 채, 단지 자신의 생각에 따르기를 바란다. 자신의 경험으로 판단하고 그 결과를 강요한다.

그런 것도 모르니?
엄마, 아빠가 다 해줄 테니 너는 공부만 해.
너는 도대체 뭐가 될래?

아이들이 어른들의 경험치 안에서 '빨리빨리' 앞으로 가기를 바란다. 이러니 아이들은 '쉼'이 없다. 빡빡한 일정 속에서 생각할 틈도 없이 무언가를 열심히 한다.

그건 대학 가는 데 쓸데없어.
다른 엄마, 아빠는 다 챙겨주는데.
왜 저만 가지고 그러세요.
우리 학교 교육과정은 대학 가는 데 불리해요.
그 과목은 내신이 잘 안 나와요.

어느 틈에 아이들은 어른처럼 생각하고 행동한다.

대학을 졸업하고 애니메이션을 배우기로 했을 때, 생물학과에 진학했던 시간이 다 쓸데없는 일이었나 싶을 때도 있었지만 미국에 와서 이렇게 도움이 되니 괜히 신이 났다. 지금 당장 쓸모 있는 공부든, 쓸모없는 공부든 모든 공부는 언젠가 빛을 발하는 법이다.

김미란은 『오늘도 나는 디즈니로 출근합니다』에서 이렇게 말했다. 작가는 미국 칼아츠(Calarts, California Institute of the Arts)에 입학하여 자기가 그토록 원하던 그림을 그리게 된다. 그러나 어릴 때는 '○○예중에 입학해서, 좋은 성적으로 인문계 고등학교로 진학하자. 그다음 엄마의 소원대로 의대에 들어가는 거야.' 혼자 상상의 나래를 펼치며 인생 계획을 세웠다. 쟁쟁한 아이들과 경쟁을 하기에는 턱없이 부족한 실력이었지만, 시험에 나올만한 피아노곡을 지독하게 연습하여 예중에 입학한다. 그때 그를 움직인 것은 '간절함'이었다. 안 될 것 같다고 생각한 일도 간절하게 바라고 온몸을 던져서 임하면 하늘도 도와준다는 걸 깨달았다고 한다. 무엇을 위한 간절함인지 알 필요도 없었고 알려고 하지 않았다. 예중을 졸업한 그는 좋은 성적으로 고등학교에 진학한다. 어머니가 원하는 의사 외에는 다른 생각은 하지 않았으니 의대를 가기 위해 당연히 자연계를 선택하게 된다.

그러나 그동안 마음먹은 것은 모두 이루었고 겁 없이 도전하여 성공했지만, 의대 진학에는 실패한다. 대학에서 생물학을 전공하다가, 그는 미국으로 건너가 칼아츠에 입학한다. 칼아츠는 월트디즈니 컴퍼니 산하의 예술대학이다. 지금의 그가 있게 한 결정적인 선택이었다.

그의 학창 시절을 보면, 그림을 그린 얘기가 나오지 않는다. 그저 연습장에 낙서처럼 끄적인 것이 전부였다. 그건 공부하다가 잠시 딴전을 부린 것에 불과하다. 그와 그의 부모의 목표는 의대뿐이었다.

의대라는 목표가 사라지고 대학에서 생물학을 배웠다. 그런데 이 생물학이 그림을 공부할 때 큰 도움이 되었다고 한다.

> 동물을 그릴 때 몸속에 있는 뼈와 그걸 둘러싸고 있는 근육을 생각하며 그려보라는 지도 선생님의 충고를 듣죠. 해부학 수업을 들었던 덕분에 이 말을 곧 이해할 수 있었습니다. 게다가 영어원서로 공부했으니 수업 중에 뼈 이름 같은 전문 용어가 나와도 당황하지 않고 수업을 하게 됩니다. 그러니 이런 고백이 가능한 거죠.
> "지금 당장 쓸모 있는 공부든, 쓸모없는 공부든 모든 공부는 언젠가 빛을 발하는 법이다."

그는 모든 공부는 언젠가 빛을 발하는 법이라고 말한다. 어린 시절 꿈이 도중에 바뀌고 잠시 원하지 않은 길을 갔지만, 그때 배운 공부가 자기가 정말 하고 싶은 일을 할 때도 도움이 된다는 말이다.

지금 우리는 아이들에게 어떻게 공부하라고 말하고 있는가. 꿈은 나이가 들어서도 변한다. 더구나 자기가 하고 싶은 일은 언제 운명처럼 다가올지 알 수 없다.

그럼에도 일찍이 진로 목표를 분명하게 세우고 그리로 가기 위해 모든 노력을 기울이라고 한다. 자연계로 가기 위해서는 수학과 과학을 잘해야 하고, 인문계로 가면 수학은 못 해도 상관없다고 한다. 결국 학교에서 배우는 과목은 대학 진학에 따라 결정된다. 그 외의 과목은 아예 무시다. 심한 경우에는 내신 성적의 유불리에 따라 과목을 결정한다. 그래도 된다고 생각한다. 결국 좋아하고 살아가면서 필요한 힘을 키우는 것이 아니라 대학 진학에 성공할 수 있는가가 선택의 기준이 된다.

김미란은 10대에는 온통 의대에 진학하는 꿈을 꾸었고, 그것이 좌절되자 심한 절망감에 의기소침한 20대 초반을 보냈다. 우연한 기회에 그는 자기가 좋아하는 일이자 잘하는 일을 찾아 지금은 월트 디즈니에서 일을 하고 있다.

성공한 건가? 어른들의 시선으로 본다면 실패한 것이라 할 수 있다. 그러나 그는 분명 남다른 인생을 살고 있다. 즐겁게, 재능을 마음껏 발휘하면서, 돈도 벌면서 말이다. 아마도 이렇게 말씀하시는 분도 있을 것이다.

"우리 아이가 월트 디즈니에 도전한다면 저는 지원해 줄 거예요."

또는 이렇게도 말하는 사람이 있을 것이다.

"그는 특별한 사람이잖아요."

그렇다. 그는 특별하다. '간절함'과 '도전'이 남달랐다. 목표만 있는 것이 아니라 그 목표에 도달하기 위한 행동이 분명했다. 그럭저럭 한국에서 대학을 나와 취직하고 결혼하는 생활이 아니라 자신이 하고 싶은 일이 무엇인가를 찾았다. 자기가 하고 싶은 일을 찾았을 때 그는 부모에게 그림을 배우기 위해 간다는 말을 하지 않고 미국 유학을 결심한다. 미국에서의 생활은 치열함 그 자체였다. 게다가 무모할 정도로 도전했다.

우리 자녀가 이런 결정을 한다면 어떻게 할 것인가. 십중팔구 아이를 집 밖으로 나가지 못하게 하거나, 부모자식의 연을 끊자고 소리 높일 것이다. 이유는 분명하다. 고생길이 뻔하기 때문이다. 꽃길만 걷게 하겠다고 금이야 옥이야 키운 아이가 성공도 보장이 되지 않은 길을 가겠다는데 어떻게 웃으며 보낼 수 있을까. 그냥 내 옆에 있으며 '남보다는 조금 낫게' 살면 되지 않을까.

그런데 '남보다 조금 낫게'가 그리 만만치 않다. 어린 시절부터 시간표를 짜서 아이를 학원으로, 과외로 돌린다. 대학에 들어갈 때까지 로드매니저로 새벽부터 밤늦은 시각까지 아이보다 더 치열하게 살아야 한다. 맘카페 같은 곳에서 귀동냥으로 얻은 정보는 소중하다. 시늉이라도 내야 한다. 경제력도 있어야 한다. 경제력, 시간, 정보력. 이 모든 걸 위해 온 가족이 거리로 나간다. 사는 꼴이 말이 아니다.

아이들은 목표가 정해지면 간절하게 도전하고 싶어 한다. 자기 삶을 살기 위해서 가장 필요한 것은 '간절함'과 '도전'이다. 그런데 어른들은 '네가 고생할까 봐'라는 말로 힘을 뺀다. 남과 비교하면서 힘을 빼기도 한다.

우리 아이들이 오직 평생을 편하게 잘 살기만을 바라는 것은 아닌가. 그걸 성공이라고 생각하는 건 아닌가. 아이들이 하고자 하는 일을 어른의 잣대로 쓸모 있다, 없다를 재단하고 있지는 않은가. 우리 아이들이 살아갈 세상은 배운 것이 사라지는 시대가 아니라 배운 것을 잘 융합하여 살아가는 힘을 키워야 하는 시대이다.

김미란은 꿈보다 현실을, 하고 싶은 것보다 안정을 선택하려는 우리에게 이런 말로 충고한다.

> 어떠한 방식으로든 첫발을 내디뎠다면 뒤돌아보지 말고 전속력으로, 달릴 수 있는 끝까지 달려보라. 그곳에 성공이나 실패 같은 것으로 명확하게 나눌 수 없는 새로운 무언가가 기다리고 있다.

학벌이라는 망국병

2020년 한국 성인의 평생학습 참여율은 40% 정도이다.(교육통계서비스) 의무교육 제도를 시행하고, 대학진학률도 70%가량 된다. 그럼에도 2017년 학업중단율이 초등학교 16,422명이고 고등학교는 24,506명이다.

이들은 왜 학업을 중단할까? 2012년 6월 이후 학업을 중단한 청소년을 3년간 추적한 결과 학업형 청소년의 비율이 50.4%를 차지한다. 학업형은 검정고시 공부, 대학 입시 준비, 복교 등으로 학업을 중단한 청소년을 말한다.

학업을 중단하는 청소년 절반이 검정고시나 대학 입시를 준비하기 위해서라고 하니 학교에 나오는 이유나 학업을 중단하는 이유

연도별, 학교급별 학업중단율

(단위 명, %)

년도	초등학교			중학교			고등학교		
	재적 학생수	학업 중단자	학업 중단율	재적 학생수	학업 중단자	학업 중단율	재적 학생수	학업 중단자	학업 중단율
1980	5,658,002	3,856	0.1	2,471,997	30,628	1.2	1,696,792	43,088	2.5
1985	4,856,752	1,636	–	2,782,173	29,410	1.1	2,152,802	63,841	3.0
1990	4,868,520	1,229	–	2,275,751	22,348	1.0	2,283,806	42,542	1.9
1995	3,905,163	1,219	–	2,481,848	24,567	1.0	2,157,880	53,743	2.5
2000	4,019,991	14,734	0.4	1,860,539	19,097	1.0	2,071,468	52,136	2.5
2005	4,022,801	18,403	0.5	2,010,704	15,669	0.8	1,762,896	23,076	1.3
2010	3,299,094	18,836	0.6	1,974,798	18,866	1.0	1,962,356	38,887	2.0
2015	2,714,610	14,555	0.5	1,585,951	9,961	0.6	1,788,266	22,554	1.3
2016	2,672,843	14,998	0.6	1,457,490	8,924	0.6	1,752,457	23,741	1.4
2017	2,674,227	16,422	0.6	1,381,334	9,129	0.7	1,669,699	24,506	1.5

출처: 한국교육개발원(2018)의 p.55 〈표 Ⅱ-6-1〉을 재구성

학업중단 청소년 유형별 비율(학업중단 이후 3개년 간 이행 경로 기준)

구분	정의	비율
학업형	검정고시 공부, 대학 입시 준비, 복교 등	50.4%
직업형	직업기술을 배우는 경우, 아르바이트 · 취업 등	32.4%
무업형	특정 목표 없이 아무것도 하지 않는 경우	11.1%
비행형	가출하거나 보호시설 · 사법기관 감독받는 경우	6.0%
은둔형	사회적 관계를 맺지 않고 집에서 나오지 않는 경우	*미조사

출처: 윤철경, 성윤숙, 유성렬, 김강호(2015)의 p.3을 재구성

나 그리 큰 차이가 있는 것 같지 않다.

영화 〈억셉티드(Accepted)〉(2006)에 이런 대사가 있다.

> 우리는 애들이 대학에 가게 만들도록 이런저런 말들을 늘어놓습니다. 더 나은 인생을 보장하며 말입니다. 하지만 알다시피 그런 짓은 새로운 시대의 판매자와 구매자를 만들 뿐입니다. 장사꾼들 말입니다. 결국은 주저함과 빚의 노예가 될 뿐입니다.

평범한 고등학생이지만 대학에 진학할 수 있는 기회를 얻지 못한 주인공 바틀비는 가짜 대학을 만들어 운영한다. 비록 바틀비의 거짓말은 들통이 나지만, 그의 명연설은 영화 내내 남았다.

> 정말로 배우는 데는 선생이나 교실이나 화려한 전통이나 돈도 필요 없다. 필요한 건 오로지 자신을 개선하고자 하는 마음뿐이다.

배운다는 것. 배우는 힘이란 무엇일까?

아버지는 중졸이셨다. 시골 가난한 집안에 둘째로 태어난 아버지는 책 읽기를 좋아하고 짬짬이 글쓰기를 즐기셨다. 그런 아버지는 자식이 학교에 제출하는 가정환경조사서에는 꼭 고졸이라고 쓰셨다. 나중에 중졸이라는 걸 들키고 나서도 여전히 고졸이라고 쓰셨다.

장난꾸러기 중학생인 나는 쉬는 시간에 교실 창틀에 올라가 장난을 치다가 그만 팔꿈치로 유리창을 깼다. 다친 것보다는 유리창 값을 물어내야 하는 일이 큰일이었다. 차마 부모님께 말씀을 드리지 못하고, 가족 저금통에 손을 댔다.

"왜 그랬니?"

아버지는 엄마와 동생들 모르게 조용히 나를 불렀다. 그 장면은 평생 내 삶을 지배했다. 자식이 자랑스러울 때도 순한 웃음으로 씩 웃으면 끝이었던 분이셨다. 밤샘 근무를 하시고 퇴근하시다가 헐레벌떡 뛰어가는 나를 발견하고는 타고 가시던 자전거를 쓱 내주고 집까지 먼 길을 걸어가셨다. 그럼에도 나는 아버지를 참 어려워했다.

또 하나의 선명한 기억. 친구분들을 불러 모아 집에서 술 한잔하실 때였다. 좁은 방에 있을 수 없어 나는 마당에 나갔다. 앉은뱅이 책상에는 공부하던 책이 그대로 놓여 있었다.

"애는 글씨를 왜 이리 못 써?"

그때나 지금이나 나는 엄청난 악필이다. 휘갈겨 쓴 글씨는 나도 못 알아볼 정도이다. 다른 소리는 하나도 들리지 않았는데 그 소리는 유난히 또렷했다.

"원래 천재는 악필인 법이여. 이러니 우리 애가 공부를 잘하지.

허허허."

친구분들의 덕담이 이어졌으니, 아버지는 아들을 변호하는 데 성공한 것 같았다.

그런 아버지였지만 학벌에 대한 열등감은 유난히 컸던 것 같다. 친구분들께도 인근 지역 명문 고등학교 출신이라고 하셨다. 회사에 제출하는 서류에도 아버지는 늘 그 학교명을 썼다.

"대학에 꼭 들어가야 한다."

아버지는 신학대를 적극 추천했다. 싫다며 일반 대학을 지원했지만 불합격. 다시 아버지는 조용히 신학대를 추천하셨다. 성경을 공부하고 면접을 치르기까지 아버지의 관심은 대단했다. 간식이 나온 것은 그때가 처음이었다. 그러나 신학대는 내가 갈 곳이라는 생각이 들지 않았다. 일 년 뒤 아버지 몰래 일반 대학에 진학했다. 그때야 아버지는 비로소 이런 말씀을 하셨다.

"잘했다. 아무개 장로가 신학대 중퇴라며 빼기는 모습이 싫어서 내가 그랬구나. 미안하다. 열심히 해라."

장로로 재직하시면서 인품도 훌륭하다고 칭송을 받으신 아버지셨지만, 교회 안에서도 학벌의 열등감에 벗어나기 힘드셨나 보다. 아버지에게 '학벌'은 무엇이었을까. 각종 서류에 '고졸'이라고 쓰는 그 마음은 무엇이었을까. 우리 사회는 왜 학벌에서 벗어나지 못할까.

한국리서치가 2019년 7월 26일에서 29일까지 전국의 만 19세

학력에 대한 인식

항목	그렇다	그렇지 않다	모르겠다	합계
학력은 인격의 척도이다	14	83	3	100
학력은 능력의 척도이다	38	57	5	100
살아오면서 학력 때문에 소외감을 느껴본 적이 있다	43	53	4	100
살아오면서 학력 때문에 손해를 본 적이 있다	47	49	4	100
나보다 학력이 낮은 사람에게 우월감을 느껴본 적이 있다	30	67	3	100
나보다 학력이 높은 사람에게 열등감을 느껴본 적이 있다	47	51	2	100

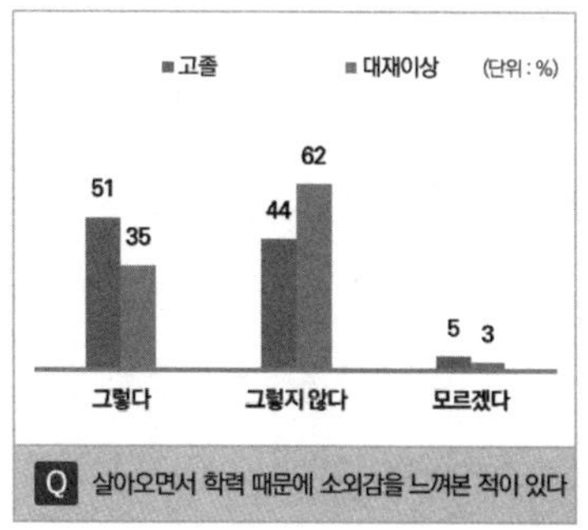

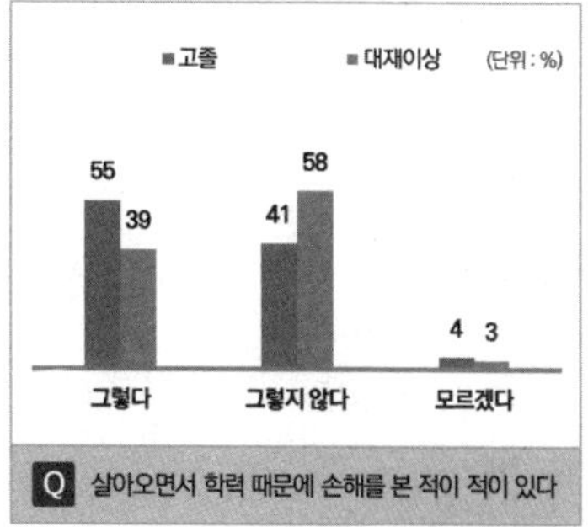

출처: https://hrcopinion.co.kr/archives/13604

이상 성인남녀 1,000명을 대상으로 조사한 조사에 따르면 '학력은 인격, 능력의 척도'라는 말에 '그렇지 않다'라고 답변한 비율이 높다. 특히, '학력이 인격의 척도'라는 질문에 83%가 거부감을 느끼고 있다. 그런데 '나보다 학력이 낮은 사람에게 우월감'을 느꼈다는 답변이 67%인 것은 아이러니하다. 학력 때문에 소외감을 느끼거나 손해를 보았다는 대답이 '대재 이상'보다는 '고졸'이 많다.

우리는 너무나 쉽게 명문대 출신은 능력이 뛰어난 것처럼 말한다.

> 학교를 '성공의 수단'으로 생각하지 않았으면 좋겠다. 우리 사회는 학교를 스펙과 인맥을 쌓아 대기업에 취직하거나 하는 용도로 생각하고 있다. 아이러니하게도 학생인 우리에게 오는 질문은 "무엇을 배웠니 혹은 무엇을 고민하고 탐구했니?"가 아니라 "어떻게 먹고살 거니?"와 "남들보다 얼마나 우수하니?"이다. (신철균, 2018)

우수한 대학, 명문대학을 졸업했다고 특별한 인생이 보장되지 않는다. 지금 우리 아들, 딸들이 사회생활을 할 때는 더욱 그럴 것이다. 학교 졸업장이 중요한 것이 아니라 '무엇을 배웠느냐, 무엇을 고민하고 탐구했느냐'가 중요하다. 그리고 그것이 그 사람의 실력이다. 우리 아이들에게 필요한 것은 '진정한 실력'이다.

최재붕 선생은 포노 사피엔스의 9가지 코드 중에 '실력'과 '진정성'이 필요하다고 말하고 있다. 미래사회에서 각자가 주체가 되어 살아가는 포노 사피엔스의 삶은 허울만 좋은 것보다는 그 알맹이를 소중하게 길러야 한다.

우리 아이들은 알맹이가 잘 여물도록 도와달라고 말한다. 즐겁게 배우고 자신의 역량을 키워갈 수 있도록 말이다.

4장

어른들을 위한 진로 교육

스스로 살아갈 수 있도록 역량을 길러주세요

엄마, 아빠나 교사들은 아이가 사회에 나가 잘 살기를 바란다. 어떻게 사는 것이 잘 사는 것인가? 좋은(?) 대학 나와 좋은(?) 직장 다니고, 좋은 배필 만나 알콩달콩 행복하게 사는 것. 평생 월급 또박또박 받아 가족 굶기지 않아야 한다. 뭐 이런 생각으로 아이들에게 오직 공부를 강요한다.

부모는 멀리 보라 하고
학부모는 앞만 보라 합니다.
부모는 함께 가라 하고
학부모는 앞서가라 합니다.

부모는 꿈을 꾸라 하고

학부모는 꿈꿀 시간을 주지 않습니다.

부모입니까? 학부모입니까?

부모의 모습으로 돌아가는 길

참된 교육의 시작입니다.

2010년에 나온 한 공익광고의 문구[2]이다. 부모의 모습으로 돌아가는 길이 '참된 교육'의 시작이라고 말한다. 그 이후 우리는 얼마나 달라졌을까? 교육은 어떤 모습으로 나타나는가?

분명 광고에는 비전을 제시하고, 배려와 협력을 강조하는 모습이 긍정적으로 보인다. 자기 적성을 찾아 그 길로 가라고 한다.

최근 학교는 변하고 있다. 과거와 다른 학교의 모습이 등장하고 있다. 학급 중심에서 선택과목 중심으로 바뀌고 있다. 그리고 교사가 가르치고 학생이 배운다는 전통적인 '가르치다-배우다'에서 교사는 학습을 안내하고 학생이 스스로 탐구하는 '배우다-배우다'로 교수학습 방법이 전환되고 있다. 이 과정에서 지식 위주였던 교과 수업은 미래사회에 필요한 역량 중심으로 내용이 바뀌고 있다.

미래사회에 필요한 역량이라니 궁금하다. 역량이라는 낯선 말을 자주 듣는다.

2 KOBACO/한국방송공사/공익광고협의회(2010년)

역량이 무엇일까?

예를 들어보자. 교사가 되고 싶어 하는 아이가 있다. 이 친구가 교사가 되어 교직을 수행하려면 어떤 역량이 있어야 할까? 우선 교대나 사대에 들어가 교직을 이수해야 하니 기본적인 학업능력이 있어야 한다. 그리고 교직에 임용되어 학생들 앞에 섰을 때는 가르치고자 하는 내용을 잘 전달하는 능력(말하기, 쓰기)과 학생들의 말을 잘 청취하고 이해하는 능력(듣기, 읽기)이 필요하다.

기자가 되고 싶은 아이가 있다. 이 친구는 어떤 역량이 있어야 할까? 대인관계에서 적극성, 논리적 사고력, 비판 능력, 글쓰기 능력이 뛰어나야 한다.

역량은 종합적이다. 역량은 지식과 인성을 포함한다. 아이는 학교에서도 배우지만, 가정과 사회에서도 배운다. 부모와의 관계를 통해 아이는 타인과 관계를 맺는 방법을 익히고, 공동생활을 통해 서로 배려하고 존중하는 마음을 배운다.

"역량을 담아야 합니다."

"어떤 역량이 드러나는지 살펴보십시오."

대학에 들어가기 위해서는 학교생활기록부와 자기소개서에 역량이 드러나야 한단다. 요즘 우리 아이들이 배우는 교육과정이 2015 개정 교육과정인데, 이를 '역량중심 교육과정'이라고도 부른다. 여기저기서 역량, 역량, 역량이다.

역량이라는 용어는 1970년 초 심리학자 데이비드 맥클랜드(David McCleland)가 처음 사용했다. '역량이란 보통 직무자와 높은 고성과자를 구별하는 행동을 설명하는 내적 특성이며, 직원들이 직무를 수행하는 데 있어 지능검사보다는 역량이 실제 성과에 더 큰 영향을 미친다'[3]고 말했다.

스펜서와 스펜서(Spencer & Spencer)는 눈에 보이는 지식과 기술, 인간 내면에 있는 동기, 특질, 자아개념 등 다섯 가지 유형이 있고 지식과 기술은 교육으로 개발이 가능하지만 인간 내면에 있는 것은 쉽게 바꾸지 못한다고 했다.[4]

스패로우(Sparrow, 1996)는 조직역량(핵심역량), 관리역량, 개인역량(직무역량) 등으로 역량을 구분하여 조직역량(핵심역량)은 '전반적인 자원과 능력', 관리역량은 '직업과 관련된 기술, 지식, 태도', 개인역량(직무역량)은 '직무수행과 관련된 행동 목록'으로 정리했다.

역량은 성과(목표)를 달성하기 위해 역량모델링을 통해 필요한 역량을 도출한다.

2015 교육과정에서 추구하는 인간상은 네 가지이다. 자주적인 사람, 창의적인 사람, 교양 있는 사람, 더불어 사는 사람이 그것이다. 이를 실현하기 위해 중점적으로 기르고자 하는 핵심역량은 자기관리 역량, 지식정보처리 역량, 창의적 사고 역량, 심미적 감성

---

3 Testing for Competence Rather Than Intelligence

4 Spencer & Spencer의 Iceberg Model(빙산모델)(1993)

역량, 의사소통 역량, 공동체 역량의 여섯 가지이다.

그렇다면 아이가 학교에 다니면서 기르는 역량은 무엇이고, 어떻게 담을 수 있을까?

역량이란 행동특성을 바탕으로 교육환경, 성과목표, 도전 방법, 유익한 피드백에 따라 행동변화의 과정으로 나타난다. 즉, 학생의 관심, 태도, 탐구, 표현, 배움에 따라 행동으로 나타난다. 행동의 변화이고 여기에는 어떤 맥락이 있다.

아들 녀석은 고등학교에 입학하자 어떤 동아리에 들지 고심했다. 조언한답시고 이런저런 얘기를 해주었지만, 아들 녀석은 엉뚱하게도 연극반에 들어갔다. 일 년 정도 지나서 연극 발표를 하는데 녀석의 역할이 '배경으로 서 있는 나무'였다. 참 어이없었다. 하지만 디테일이 살아야 한다며 밤새 끙끙대며 고민했다. 연극 발표가 끝나고는 너무나도 좋아했다. 아주 만족해했다. 소심했던 녀석의 성격도 바뀌고, 동료애가 생기고, 무엇보다도 학교에 대한 애정이 부쩍 커졌다. 이후 친구들과 밴드를 만들었고 전자기타를 배웠다. 그게 교내동아리가 되고 3학년이 되어서도 계속했다. 아들의 모습을 보면서 성장한 것은 오히려 나였다. '스스로 성장하는 공부'를 실감했다.

예전에 담임을 할 때 한 아이가 어느 날 자기 키 만한 막대기를 들고 교실로 들어왔다.

"○○야. 왜 막대기를 가져왔니?"

녀석은 예쁜 미소를 지으며 답했다.

"바닥에 떨어진 막대기가 참 불쌍했어요."

"왜 불쌍했니?"

그때가 외국의 한 나라에 다른 나라가 무차별 공습을 해서 많은 민간인 희생자가 발생했던 때였다. 아이는 이 막대기에서 희생자를 떠올렸다고 했다. 그 마음이 너무 예뻐서 다시 물었다.

"그래, 그 나무막대기를 어떻게 할 거야?"

녀석은 예쁘게 다듬어 교실을 장식했다. 그런 녀석은 간호과를 선택했고 지금도 예쁜 마음으로 환자를 돌보고 있다. 이런 마음은 절대로 머리로 할 수 있는 것이 아니다. 역량은 아이의 성장 과정에 녹아들고 삶을 통해 드러난다.

아이는 작품이 아닙니다

"저는 아들이 제 작품이라고 생각해요."

순간 섬뜩했다.

"완벽하게 만들 거예요."

'작품', '완벽', '만들다' 이런 단어들이 날카롭게 심장을 파고들었다. 학부모를 만나 이야기를 하다 보면 이런 말을 하는 사람이 의외로 많다. 아이가 독립된 존재임을 인정하지 않는다. 정신적으로 자녀를 품에서 떼어내지 못한 경우이다. 청소년들에게만 심리적 이유기(심리적 분리장애)가 있는 것이 아니라 부모들에게도 있다. 자녀는 소유물도 아니고 자신의 분신도 아니다.

상담을 할 때 가장 듣기 싫은 말이 '만든다'이다. 아이들의 스펙도 만들고, 성적도 만든다. 대학 입학도 만들고, 아이의 평생 삶도 부모의 시나리오 속에 다 들어 있다.

한때 매년 2, 3월이면 학교에는 대학 합격자 이름이 현수막으로 걸렸다. 국회의원들은 어디에 쓰려는지는 몰라도 특정 대학의 합격자 수를 집요하게 조사했다. 언론도 마찬가지다. 그걸로 전국에 있는 고등학교의 서열을 매겼다. 특정 대학 합격자 수를 조사해달라는 의원에게 그 자료가 왜 필요한가를 물었을 때 돌아온 답변이 소름 돋게 했다. 의원 요구자료를 거절하면서 무어라고 답변했는지는 기억이 나지 않는다.

또 이런 일도 있었다. 한 학교에 특정 대학 합격자 이름을 쓴 현수막이 걸려 있으니 조치해달라는 것이다. 현장에 가보니 동문회 이름으로 현수막을 크게 걸었다. 대학 합격자 명단을 내거는 행위가 어떤 의미인지를 설명하고 걸지 말라는 공문을 보냈더니 동문회 이름으로, 또는 다른 방법으로 내걸었다. 그래서 국가인권위원회 결정문을 보여드렸다.

> 학교가 나서서 특정 학교 합격을 홍보하는 것은 위 각급학교의 주장과 같이 일부 순기능이 있다고 하더라도 한편으로 그 외의 학교에 입학하거나 상급학교에 진학하지 않는 학생들에게 소외감을 줄 수 있어 교육적 측면에서도 바람직하지 않고 결과적으로 학벌주의

를 부추길 우려도 있다. 학벌주의는 동일한 단계의 교육을 받았다 하더라도 학교의 종류, 학교 이름, 학과 등의 사회적 위신에 따라 다른 가치가 부여되는 것으로 심하게는 능력과 상관없이 출신학교에 따라 다른 가치가 부여되는 것으로 출신학교에 따라 사회 · 경제적으로 구분하고 배제하는 사회적 현상이다. 따라서 학벌주의가 심화될수록 본인의 능력을 개발하기 위한 학교 선택보다는 이른바 '명문 학교'에 입학하기 위한 경쟁에 몰두하게 된다. 학벌주의에 의한 '명문 학교' 선호 현상은 개인의 역량이나 능력에 따른 인력 채용과 운용을 저해할 뿐 아니라 인적 자원의 활용을 왜곡시켜 기업 및 국가 경쟁력 강화에도 부정적인 영향을 미친다.

이 결정문에는 다음과 같은 아름다운 문장이 더 있다.

한 사람의 가능성을 판단하는 데 학력이나 학벌은 하나의 참고자료일 뿐임에도 학력 · 학벌에 의한 차별은 그 사람이 가진 다른 다양한 가능성을 검증받을 기회마저 차단해버리게 된다.

위 결정문은 학벌이 '동일한 단계의 교육을 받았다 하더라도 학교의 종류, 학교 이름, 학과 등에 따라 다른 가치가 부여'되기 때문에 그 폐단은 매우 크다고 판단한다. 학벌주의가 심화될수록 경쟁에 몰두한다는 지적은 지금의 우리 사회에 나타나고 있는 폐단을 고스란히 담았다.

한 사람의 가능성을 판단하는 데 학력이나 학벌은 하나의 참고 자료일 뿐이다. 학력이나 학벌에 의한 차별은 그 사람이 가진 다른 다양한 가능성을 검증받을 기회마저 차단한다. 우리 사회는 여전히 이런 차별을 아무렇지 않게 생각한다. 나아가 우리는 아무렇지도 않게 차별로 인해 누렸던 그 편리함을 고스란히 자식에게 물려준다.

아들이 자신의 작품이라는 말속에는 아이 자신의 의지는 없다. '자기결정권'이라는 말이 있다. 아마도 내 작품이라고 생각하는 사람들에게는 경기 들릴 만한 단어일 수 있다.

자기결정권(自己決定權, right to privacy)이란 국가의 간섭 없이 일정한 사적 영역에 관하여 스스로 결정할 수 있는 권리를 의미한다. '자기결정권'은 인간은 자신의 삶을 스스로 결정하고, 그 결정에 대한 책임을 질 수 있다는 인간관을 전제로 하고 있다. 물론 자기결정권을 남용했을 때에는 처벌을 받겠지만, 자기결정권 자체는 인권으로서 인정하며 포괄적인 기본권 조항인 헌법 제10조와 사생활의 비밀과 자유에 관한 헌법 제17조에 근거를 둔다. (페미위키 2019.4.12. 편집)

여전히 아이를 미성숙한 존재로 대하고 언제나 보살펴야 할 대상으로 보는 어른들의 입장에서 '자기결정권'은 받아들이기 어려운 개념일 수 있다.

'아니, 부모가 제 자식을 마음대로 하지 못한단 말인가.'

'아직 미성년자인데 무슨 자기결정권이야.'

간혹 아동학대 소식을 듣기도 한다. 내 아이니까 내 마음대로 한다는 생각일 것이다.

> 아이를 훈육하기 위해 때린다는 주장은 아동보호전문기관 상담원들을 괴롭히는 항변 1순위다. 상담원들이 신고를 받고 현장 조사를 나가면 "내 자식 내가 가르치는데 웬 참견이냐?"라며 상담과 조사를 거부하는 경우가 부지기수다. 학대 신고를 받아도 "부모가 그 정도는 할 수 있지"라며 대수롭지 않게 여기고 조사에 불성실한 경찰들도 많다. (김희경, 『이상한 정상가족』)

내 자식 내가 만드는 것이 아니라, 아이가 스스로 자기 길을 찾아갈 수 있도록 도와야 한다. 어른의 간섭이 지나치면 아이들은 '학습된 무기력'에 빠진다. 무기력이 반복되면서 아이들은 '나는 맞아도 싸다'는 말을 쉽게 하기도 한다. 이 세상에는 맞아도 되는 아이는 없다. 아이가 처한 환경에 따라 차별받아야 할 이유도 없다.

헌법 제10조에는 '모든 국민은 인간으로서의 존엄과 가치를 가지며, 행복을 추구할 권리를 가진다. 국가는 개인이 가지는 불가침의 기본적 인권을 확인하고 이를 보장할 의무를 진다'라는 '불가침의 기본적 인권'을 언급하고 있다.

우리는 아이들에게 '스스로 하라'는 말을 쉽게 한다. 그러나 의사가 되라고, 어느 대학에 가라고 어른들이 이미 결정한 후에 스스로 공부하라는 말을 한다. 그 꿈은 아이들에게는 크게 다가오지 않는다.

퇴근길, 엘리베이터 앞에 아래층 고등학생이 서 있었다.

"지금까지 공부하다가 오나 보다."

학생은 너무나 미안한 표정으로 얼른 엄지와 검지를 겹치며 눈을 찡긋거린다.

"네. 학교에서 공부하다가, 아주 '쨰끔' 놀다 와요."

"쨰끔?"

따라 하는 내 말에 더욱 미안해하며 어깨를 움츠린다.

"네. 아주 쬐~~끔."

10대 소녀 특유의 귀여움 위로 아련한 슬픔이 겹친다.

녀석은 왜 이리 미안해할까? 내 모습 어디에 자기네 학교 교사 모습을 보기라도 한 건가. 충분히 놀 수 있지. 그렇게까지 미안해할 일인가. 내가 더 미안했다. 우리 어른들은 너희를 보면 공부만

하기를 바라는 것으로 보였구나. 아침부터 밤늦은 시각까지 어디에 필요한지, 왜 해야 하는지도 모를 공부를 하게 하고는 어쩌다 휴식이라도 하면 안달복달이다.

다른 사람에게 내가 어떻게 보일까를 걱정하기보다는 스스로 어떤 삶을 살 것인가를 결정하고 그 삶에 최선을 다하는 모습이 신인류가 살아가는 방법이다. 우리가 해야 할 일은 우리 아이들이 스스로 살아갈 수 있도록 돕는 것이다.

저마다 자라는 속도가 있습니다

우리 학교 자투리땅에는 아이들이 채소를 가꾼다. 학급별로 하기도 하고 동아리가 함께하기도 한다. 거의 선생님 손을 빌리지만, 그래도 아이들은 흙을 만지며 신나 한다. 씨앗을 뿌리고 거름을 주고, 그리고 수확을 하면서 아이들은 환하게 미소를 짓는다. 아이들의 인성교육 중 으뜸은 농사를 짓는 일이다.

'벼는 부지런한 농부의 발소리를 듣고 자란다'라는 말이 있다. 아이를 양육하는 것도 마찬가지다. 현명한 농부는 작물과 살뜰하게 대화를 한다. 시시콜콜한 주변 잡기에서 마음속 이야기를 꺼내기도 한다. 작물은 농부와 교감으로 한 뼘 한 뼘 성장한다.

처음 아이의 기저귀를 갈 때 느낌이 아직도 남아 있다. 어디부터 어떻게 해야 할 줄 몰라 당황한 아빠, 아이는 아이대로 불편하여 온 집안이 떠나가라고 울어대던 그때 말이다. 화를 벌컥 내기만 했던 나와는 달리 아내는 아이를 달래며 순식간에 기저귀를 갈았다.

난생처음 아이의 기저귀를 갈아야 하는데 무엇을 어떻게 해야 하는지, 냄새는 왜 그리 나던지. 코를 감싸 쥐고 한 손으로 깨작거리니 아이는 아이대로 불편하여 점점 더 크게 울었다. 아내는 아무런 주저함도 없었다. 아주 능숙하게 새 기저귀를 갈아주니 아이는 다시 방긋방긋 웃었다. 비슷한 일은 그 후로도 종종 있었다.

왜 아이는 밤에 더 칭얼댈까? 똑같이 직장에 다니니 피곤하기는 마찬가지일 텐데도 밤늦게 칭얼대는 아이를 달래는 일은 아내 몫이었다.

"우리 애는 참 착한가 봐. 밤에 울지도 않아."

어느 날, 방긋방긋 웃는 아이를 들여다보며 이렇게 말하자 아내는 어이없다는 표정으로 나를 보았다.

아이가 자라면서 무엇을 하나하나 배워가는 게 너무나 신기할 따름이다. '엄마, 아빠'라고 말하는 그 순간은 환희 그 자체이다. 그때부터 우리 아이가 하는 모든 일은 영특함 그 자체이다. 아이가 어렸을 때 부모들은 한 번쯤 우리 아이가 천재라는 생각을 한다.

어린 시절 많은 부모가 아이에게 책을 읽어준다. 아이는 잠자기 전, 자기가 가지고 있는 동화책이나 그림책을 모두 꺼내 놓고는 엄마, 아빠에게 읽어달라고 조른다. 잠자기 직전 책 읽어주는 일은 아이들에게 매우 중요하다. 왜냐하면 엄마, 아빠의 목소리는 아이에게 무한한 상상력을 일깨워 주기 때문이다. 듣기 능력에 상상력을 키우는 것은 물론이고 덤으로 안정감을 갖게 된다.

아이가 자라면서 부모가 책 읽어주는 일은 점점 사라진다. 온 가족이 '바쁘다'라는 핑계로 데면데면한 상태가 일상이 된다. 더구나 아이들은 책을 놓는다. 학교에서 보는 교과서가 독서의 전부인 셈이고 교육은 학교와 학원이 맡는다. 부모는 결과(성적표)만 보고 판단한다. 아이를 성장의 속도와 과정에 맞추어 생각하는 것이 아니라 어느 선에 멈추어 그 선에 도달한 다른 아이들에 견주어 상위 몇 %인가를 본다.

"이상하죠? 왜 우리 아이들 옆에는 모두 1, 2, 3등급 아이들뿐인가요?"

학부모들과 한두 시간 자녀교육에 관해 이야기를 나누다가 문득 앞에 앉은 학부모 한 분이 이런 말씀을 하셨다. 그러자 다른 학부모들이 크게 웃으며 고개를 끄덕이신다.

"맞아. 분명히 7, 8, 9등급이 있을 텐데 다들 1, 2, 3등급뿐이야."

같이 웃고 난 후에 이렇게 말했다.

"아이는 그 과목에서만 7, 8, 9등급인 거죠. 그 아이 자체는 등급으로 매길 수 없지요."

공부를 못 한다고 그 아이의 삶이 열등한 것은 아니다. 자꾸만 아이들을 또래 집단에서 상위 몇 %라는 말로 재단하는 일은 삼가야 한다. 천천히 자라는 아이가 있는가 하면, 무엇이든 뚝딱뚝딱 해내는 아이가 있다. 그건 역량의 차이가 아니다. 비교할 수도 없다.

어촌과 산촌에 가서 세끼 밥을 해 먹는 TV 프로그램을 즐겨 보았다. 그냥 넋 놓고 보다 보면 한 주일의 피로가 풀리는 느낌이었고, 나도 거기 어디쯤 시골 하늘을 보며 앉아 있는 기분이 들었기 때문이다. 그런데 이 프로그램에 대조적인 두 사람이 나온다. 한 사람은 빠른 속도로 요리를 해냈다. 틈만 나면 이것저것 미리 준비하기도 했다. 또 한 사람은 요리를 하면서 많은 생각을 했다. 준비 시간도 오래 걸리고 요리 자체에 걸리는 시간도 오래 걸렸다. 출연자들은 요리를 시작한 지 두 시간 이상이 지나야 겨우 식사를 할 수 있었다.

그래도 두 사람의 요리를 맛본 사람은 모두 감동하고 고마워했다. 이 두 사람은 살아가는 방식이 차이가 있는 것일 뿐 '옳다, 그르다'로 평가할 수 없다.

아이들의 삶도 속도의 차이가 있을 뿐 그 아이의 삶의 가치를 재단할 수는 없다.

"내 아이를 이렇게 등급으로 나누다 보면 우리 아이는 그 등급의 늪에 빠집니다."

2020년 초, 원격 수업이 갑자기 시행되자 한 학부모가 쓴 글이 있다. (강명규, 경향신문 2020.5.4.)

아이가 수업을 어떻게 듣는지, 문제를 어떤 식으로 푸는지 성적표만으로는 알 수 없었던 것을 알게 되었다고 한다. 대표적으로는 아이가 책을 빨리 읽어서 속독을 잘한다고 생각했는데 알고 보니 단어를 건너뛰고 읽고 있었고, 이러한 문제점을 알게 되니 아이를 어떻게 가르쳐야 할지 방향이 보였다고 한다. 아이와 함께 소리 내서 글을 읽고 중요한 부분에 밑줄 치는 연습을 시작하면서, 짧은 글을 읽고 제목도 달아보고, 출제 의도를 파악하는 연습까지 하자 아이의 변화가 느껴졌고, 역시 아이를 바꾸는 것은 부모의 관심이라는 생각을 하게 된 것이다.

수학은 지난 학기 문제집에서 까다로운 문제들을 골라서 풀어보게 하니 구멍 난 곳들이 드러났고, 상위개념을 활용하면 문제 풀이가 쉬워지니 선배들의 공식을 이용해 문제를 푸는 얄팍한 기술만 늘어 있었다는 것을 알게 되었다고 한다. 정작 중요한 것은 개념을 정확히 이해하고 문제 해결 전략을 수립하는 수학적 사고력인데, 진도 경쟁에 빠져 아이를 웃자라게 했다는 생각에 반성을 하게 되었다는 것이다. 개념부터 꼼꼼히 읽고 틀린 문제는 정확히 풀 때까지 몇 번이고 다시 풀게 하니 기본기가 탄탄해졌고, 문제도 일일이 식을 써서 풀게 하자 암산으로 대충 풀던 습관이 고쳐졌다고 한다.

코로나19로 학교도 안 가고 학원도 안 가게 됐을 땐 공부를 제대로 할 수 있을까 걱정스러운 마음이 들었지만 지금은 아이의 공부 습관을 돌아보고 구멍 난 부분을 메울 수 있게 되어 다행이라는 생각이 들었던 것이다. 아이와 머리를 맞대고 문제를 풀 때는 동지애까지 느껴질 정도였다고 한다.

속도를 강조하고, 한 걸음이라도 앞서야 한다고 말하다 보니 정작 중요한 것을 놓친다. 오히려 학습 능력이 떨어지는 것을 모르고 우리는 더욱더 학습의 양을 늘려 아이를 지치게 만들었다. 이렇게 우리는 우리 집에 있던 진정한 천재를 잃어버리고는 학교를 탓하고, 아이를 탓했다.

인디언의 말타기에 관한 유명한 이야기를 들어보았을 것이다. 인디언은 말을 타고 달리다가 가끔 말을 세우고 뒤를 돌아본다. 내 몸은 말을 타고 빠르게 달려왔지만, 걸음이 느린 영혼은 그러지 못할 것 같기에 쫓아올 수 있도록 기다린다는 이야기 말이다.

학습에서도 속도를 강조하고, 남들보다 뛰어나기를 바라 선행학습을 시키지만, 그 사이 몸은 앞서가도 영혼은 제 자리에 머물거나 오히려 뒤로 가기도 한다. 웃자란 아이가 우선 보기에는 좋을 수 있다. 하지만 평생을 살아가면서 차이는 미미하다.

몸으로 하는 가르침, 공감과 배려

친구를 만났다. 그 친구는 젊은 시절 함께 교육 운동을 하며 교류했던 사이이다. 밤새 분노하며 통음하기도 하고 경치 좋은 곳으로 함께 여행을 가기도 했다. 이번에 만났을 때는 꽤 초췌했다. 시력이 많이 나빠져 어두운 곳에 가면 더듬어야 겨우 사물을 식별한단다. 안타까웠다. 이제는 아이들의 얼굴도 그저 대략 형태만 보일 뿐이란다.

그런데도 그는 매주 우리 소리를 배우고 있었다. 소리를 배우는 곳은 서울이고 근무지는 경기도이니, 어두워지면 보행이 불가능하지만 길을 더듬어 다녔다고 했다.

"다른 사람들은 네 눈이 이렇게 안 좋은 걸 알아?"

"아니. 미리 알면 편견을 갖기 때문에 말을 하지 않았지. 다만, 교무실에 있어도 잘 어울리지 않는 사람이라고만 생각하는 것 같아. 내 자리에 가만히 앉아 수업 자료를 만들거나, 아니면 바깥 환한 곳을 혼자 산책하기 때문이야."

"많이 불편하지? 참 대단하다."

"불편한 것은 없어. 가끔 마주 오는 사람을 피하지 못해 부딪히긴 하지만. 도로에 있는 노란 요철판이 중요해. 나에게 그 노란 요철판은 눈이 되지. 허허허"

아이들을 좋아하는 마음은 변함이 없다. 무심코 빨리 걸으니, 얼른 팔을 잡는다.

"천천히 걸어야 해. 내가 못 따라가. 천천히 걸으면 네 팔을 붙들고라도 갈 수 있어. 너는 그냥 천천히 걸으면 돼."

순간 울컥했다. 몸이 불편한 친구와 함께 걷고 있으면서도 그를 생각하지 못하고 그냥 나만 생각하는 자신이 심하게 부끄러웠다.

'배려'라는 말을 많이 한다. 그런데 '배려'는 몸으로 익혀야 한다. 가장 오래 남는 것은 몸으로 익힌 공부다. 몸으로 배운 것은 몸으로 가르쳐야 한다.

"얼마 전, 산책을 하다가 초등학교를 지나게 되었어. 마침 운동회였나 봐. 마지막으로 이어달리기를 하는데 온 학생들을 두 패로 갈라서 계속 달리는 거야. 겨우 따라잡았다가 다시 뒤처지고, 추월

하고. 덩달아 아이들의 함성은 커지고. 너무 좋아서 나무 그늘에 앉았는데 나도 모르게 눈물이 나오더라. 격할 정도로 울게 되는 거야. 너무 창피해서 얼른 그 자리를 피했지."

미소 짓는 친구의 눈동자가 해맑았다.

무엇을 잘못했는지 아이는 아까부터 교무실 구석에서 담임선생님께 야단을 맞고 있었다. 고개를 숙이고 있었지만, 큰 눈망울을 이리저리 굴리며 교무실을 살폈다. 학교는 온통 축제 속으로 빠져들었다. 운동장에서는 투호 놀이, 물풍선 던지기, 제기차기가 한창이고, 학부모들이 운영하는 먹거리장터에도 아이들은 빼곡했다. 이미 교과체험 장소는 아이들로 넘쳐났고 동아리들은 큰 목소리로 친구들을 불렀다.

열띤 공연을 보고 조금 일찍 교무실로 돌아오는데 녀석은 복도에 나와 있었다. 쭈뼛쭈뼛 나에게 오더니 손을 잡는다. 나는 녀석 손을 잡고 복도를 걸었다. 나란히 함께 걸으니 복도도 꽤 고즈넉한 산책로가 된다.

"우리 아빤 참 무서워. 너무너무 무서워. 아빠가 화가 나면 도망가야 돼."

아빠라는 말을 떠올리는 것만으로도 녀석은 몸서리를 친다.

"아빠가 왜 그렇게 화가 나셨을까?"

이 말에 녀석은 배시시 웃으며 걸음을 멈추고 나를 본다.

"에이. 그거야 내가 집에 늦게 들어갔기 때문이지."

녀석은 수업이 끝나기 무섭게 가방을 들고 도망을 가곤 한다.

"조금 기다렸다가 담임선생님 종례를 받고 가면 되잖니? 그거 잠깐인데 왜 못 참아?"

"응. 참으려고 하는데 다른 친구가 가면 나도 막 가고 싶어. 그땐 못 참겠어. 나도 모르게 어느새 교문 밖에 나가고 있는 거야."

"그럼 왜 집에는 늦게 들어가?"

복도 이 끝에서 시작한 산책은 저 끝까지 벌써 두 번째 이어진다. 그래도 모처럼 터진 녀석 얘기는 끊어지지 않는다. 듣는 재미가 쏠쏠하다.

엄마랑 통화를 하면서 마침내 녀석의 큰 눈망울에는 눈물이 맺히기 시작했다.

"내가 그런 걸 어떻게 해? 나도 안 그러고 싶어. 하지만 나도 모르게 그렇게 된단 말이야."

아마도 엄마에게 야단을 듣는 것 같다. 이내 조용히 교무실을 빠져나가다가 나를 보고는 생긋 웃는다. 그저 옆에 같이 있어 준 것으로도 위로가 되었을까.

공감은 같이 있어 주는 노력이라고 한다. 말이 없더라도 옆에 있는 것으로 든든하다. 우리는 아이들에게 자꾸 설명하려고 한다. 깨닫게 하려고 애를 쓴다. 그러나 정작 그들이 힘들 때 옆에 있는 사람은 별로 없다. 같이 있는 것만으로도 아이들에게는 가장 중요한 위로이다.

새 별명이 생겼다. '지니'란다. '알라딘의 요술램프'에서 소원을 들어주던 거인 이름이다. 램프 겉을 살살 문지르면 '펑'하고 나와 '주인님, 무슨 소원을 들어드릴까요?'하고 친절하게 묻는 그 거인 말이다. 다른 사람에 비해 왜소한 편이고, 늘 지쳐 있는 모습이 아이들에게 활력을 줄 리도 없으니 이 별명은 아마도 우회적 표현이리라. 요놈들 봐라. 감히 나를 놀려. 반격할 준비를 하고 물었다.

"왜 지니니?"

"응. 샘한테 고민을 말하면 다 이루어져요."

아니, 얘 봐라. 고민이 다 이루어진다고? 하긴 며칠 전 녀석이 풀 죽어 복도를 지나가는 모습을 보고 말을 건 적은 있다.

"다희야, 왜 이렇게 풀이 잔뜩 죽었어? 무슨 일이 있니?"

녀석은 공부에 흥미가 없었다. 워낙 성적이 바닥이기도 했지만, 집중력이 부족해 50분 수업을 힘들어했다.

"공부하기 싫어요. 책만 보면 짜증이 나요."

"그래? 그렇게 짜증 나는 책 안 보면 되잖니?"

"엥. 샘은 뭐 이래? 그래도 공부는 해야지."

녀석은 오히려 나를 타박했다. 어렸을 때부터 공부에 흥미를 느끼지 못하는 아이였다. 기초가 없어 학교 공부를 버거워한다. 그래도 수업 시간이면 눈을 반짝인다. 하지만 그것도 잠시, 곧 녀석은 지루해하고 졸음에 겨운 눈으로 겨우 버틴다.

"학교 공부 꽤 어렵지? 해야 할 것도 많고? 이렇게 많은 과목 중에 네가 꼭 하고 싶은 게 있을까?"

"그럼 있고말고요. 저는 다 싫은데 영어 회화는 하고 싶어요. 그런데 워낙 바닥이라 무엇부터 시작해야 할지 모르겠어요."

다행스럽게도 녀석은 하고 싶은 과목이 있었다. 성적 때문에 용기를 내지 못하고 있을 뿐이었다. 그래서 아이에게 원어민 교사를 자주 찾아가라고 했다. 가서 즐겁게 놀다 오기만 해도 괜찮으니 만나는 일부터 시작하라고 했다. 그리고 영어기초반을 만들 텐데 거기에 들어가 수업을 받아 보라고 했다. 자기가 하고 싶은 일을 혼자 고민하지 말고 부모님과도 대화를 하고 친구들하고도 얘기하라고 했다. 그리고 어깨를 두드려 주었다. 이것이 내가 한 전부였다.

"샘. 우리 엄마는 내가 무엇을 하든 다 밀어준대요. 난 해외여행 가이드를 하고 싶어요. 내 성격에 어디 가만히 앉아서 일을 하는 것은 안 어울려요. 여기저기 막 돌아다니고 싶어요. 그러니 영어 회화는 꼭 해야 해요. 꼭 할 거예요. 내 인생 계획을 멋지게 세워 볼 거예요."

사실 상담을 하다 보면 아이들 스스로 답을 찾는 경우가 참 많다. 이럴 때 교사의 역할은 딱히 없다. 그냥 듣고만 있어도 된다. 가끔 고개 끄덕이고 거리의 이정표처럼 길을 안내하다 보면 아이는 스스로 걷는 법을 찾아내고 실제로 걸어간다.

"너도 고민 있잖아. 샘한테 말해. 다 들어줄 거야. 지니 샘, 참 좋다."

다희는 무엇이 그리 우스운지 제 혼자 까르르 웃고는 같이 온 친구에게 이렇게 말한다. 녀석은 다시 생기가 넘치고 있었다.

자기 모습으로 성장하도록 도와주세요

몇 분 선생님과 학생 문제를 어떻게 해결할 것인가를 고민한 적이 있다. 학교에서는 학생 사안을 쉽게 다른 학교로 전학 보내는 것으로 해결한다. 우리의 대화도 마찬가지였다.

"심각하게 문제를 일으킨 학생을 계속 껴안고 있을 수 없죠. 당연히 다른 학교로 보내는 것이 맞습니다."

계속 데리고 있으면 선량한 다수의 아이에게 피해를 주게 된다는 점이 가장 큰 이유였다.

"그럼, 그 학생은 문제가 해결됐나요? 학교는 문제를 다른 학교에 떠넘기는 것이고, 아이는 계속 그 문제를 껴안고 살아가는 거죠. 그럴 때는 어떻게 해야 하나요?"

"그렇다고 계속 끌어안고 있을 수도 없죠."

"저는 그래서 치료 개념이 도입되어야 한다고 봅니다. 학생들이 갖고 있는 문제를 정확하게 진단하고 치료할 수 있는 전문가가 청소년을 돌볼 수 있는 시스템이 있어야 한다는 거지요. 예를 들어, 상담심리 전문가가 적극적으로 치료할 수 있도록 해야 한다는 것입니다."

스스로 목숨을 끊은 초 · 중 · 고생 비율이 높다. 가정불화 · 가정문제, 우울증 · 비관, 성적비관 등의 자살 원인은 청소년들에게 기성세대의 관심이 매우 필요하다는 사실을 말하고 있다. 최근 들어 학생들은 심각한 정신적 불안을 겪고 있다. 이런 상태에서 끊임없이 입시 경쟁에 노출되어 있다. 그럼에도 아무도 그들의 정신적 불안을 치료해주지 않는다. 불안이 쌓이면 청소년들은 충동적이면서도 순간적으로 자살을 선택한다. 불안에서 벗어나기 위한 방법이다. 이러한 자살은 어려운 상황을 피하기 위한 성격이 짙고 가족이나 친구에 대한 보복 심리에 의한 자살, 자기 처벌로서의 자살, 욕구좌절에 대한 충동적 자살이 많다. 비전문가인 교사들이 심각한 정신적 갈등을 겪고 있는 학생들을 위로하고 나아가 치료하기에는 한계가 있다.

연휴를 앞둔 학교는 전체적으로 들떠 있었다. 아이들도 집중이 되지 않았다. 수업을 한 시간 진행하는 것이 어느 때보다 더 힘들다. 이미 수업은 안중에도 없었다. 심지어 아무런 연락도 없이 가족과 함께 고향으로 내려간 학생들도 있었다. 어수선한 시간이 느릿느릿 흐르고 있었다.

녀석을 만난 것은 그때였다. 평소보다 일찍 점심 식사를 마치고 천천히 교정을 산책했다. 학교 주변을 돌아 교문 아래 있는 공원까지 걸었다. 공원에는 덩치 큰 신갈나무가 뿌리 뽑힌 채 서서히 생을 마감하고 있었다.

"너, 지금 어디 가니?"

들었는지 못 들었는지 아무런 대답도 하지 않고 그냥 간다. 이름을 불렀다. 늘 한쪽 구석에 엎드려 자는 녀석으로 수업에는 도통 관심이 없는 아이이다. 녀석은 더 이상 학교에 있기 싫어 무단으로 집에 가던 중이었다. 그냥 가려는 녀석을 잡았다. 놓으라고 뿌리친다. 그래, 그럼 놓으마. 그런데 넌 이대로 가면 무단조퇴(미인정조퇴)다. 녀석은 기어이 교문 밖으로 나간다. 화가 났다. 도대체 이렇게 학교를 다니는 까닭이 뭐야. 이렇게 끔찍하게 싫어하는 일을 하면서 시간을 낭비하는 이유가 무엇일까. 답답하다.

"너 이렇게 하려면 학교 오지 마라."

녀석이 홱 돌아섰다. 그리고 사납게 쏘아본다.

"제가 만약에 잘못되면 모두 선생님 탓이에요."

이게 무슨 말이지. 어안이 벙벙했다. 나를 뿌리치고 자기 마음대로 나가면서 왜 내 탓이란 거지.

교무실로 돌아와 학급 담임한테 물으니 번번이 그런다는 것이다. 학기 초에도 몇 번이나 교과 선생님들하고 마찰이 있었고 그때마다 녀석은 '선생님 탓'을 했다는 것이다.

갈수록 아이들을 대하는 일이 어렵다. 길버트 하이트는 '그들이 자기 스스로든 다른 누구든 상처 입히지 않도록 도와주고 그들에게 연민을 품는 것'이 교육이라고 했다. '학교 오지 마라'고 한 내 말이 녀석에게는 상처에 뿌린 소금 같겠다는 생각이 들었다.

돕는다는 말은 무슨 의미일까. 어디까지 도와야 하는 걸까.

"우리가 이 단원에서 주목해야 할 단어는 '만든다'와 '돕는다'에요. 언뜻 같아 보이지만, 주체를 생각해 보면 분명 큰 차이가 있습니다."

온 배움터(녹색대학교) 생태교육학과 수업은 매주 주말에 했다. 함양에서 모이다가 가을에는 일요일 오후에 서울에서 모였다. 서로 피곤하고 바쁜 일정을 맞추기가 너무 어려워 아예 약속이 별로 없을 시간대인 오후 3시에 모였다. 그 시간에 길버트 하이트를 공부했다.

교사를 육성하고 고용하는 진정한 목적은 학생이 공부를 하도록 '도우라'는 것이다. 그들이 반드시 공부를 하도록 '만들' 필요는 없다.

우리는 아이들을 '만들기' 위해 애쓴다. 스펙이라는 얘기가 여전히 학부모들 사이에 남아 있다. 독서 활동도 스펙이고, 봉사 활동도 그렇다. 모두 만들어낸다. 공부도 억지로 만들어간다.

할머니와 함께 공원을 산책하러 나온 꼬마가 있었다. 약간 높은 언덕을 올라간 꼬마는 아래 잔디밭으로 뛰어 내려갔다. 할머니는 잔잔한 미소로 아이를 지켜보고 계셨다. 넘어져도 거듭 일어나던 꼬마는 다시 언덕에 올라가 아래로 넘어지지 않고 내려왔다. 스스로 대견했던지 꼬마는 소리 높여 외쳤다. "드디어!" 비로소 할머니는 아이 손을 잡고 등을 토닥여 주셨다. 할머니는 기다렸고 칭찬했다. 그동안 아이는 몇 번이나 실패했지만 그만큼 성장했다.

하이트는 우리에게 학생을 도와주기를 부탁하고 있다. 한 발 비켜서서 아이가 자기 꿈을 이루기 위한 노력을 도와주라고 말한다. 얼른 손을 내밀기보다는 아이 스스로 생각할 시간을 주는 게 좋다. 우리는 시간이 없다는 핑계로 바로 답을 준다. 그리고 그대로 하라고 한다. 이러면 우리 아이들은 주체적으로 성장하지 못한다. 스스로 생각할 시간을 갖지 못한다. 많은 생각을 하고 스스로 부딪히면서 아이들은 성장한다. 아이들은 자기 모습으로 성장하고 싶어 한다. 모두가 똑같다면 세상은 얼마나 단조로운가. 다양한 아이들이 다양한 세상을 만들어 가는 사회야말로 무지개처럼 아름다울 것이다.

5장

행복을 찾아 떠나는 파랑새

(진로 교육 사례)

학교에서는 입시 준비를 할 수 없어요. 자퇴할래요

오늘은 지필평가 마지막 날이다. 마지막 과목을 시험 보는 교실의 체감온도는 다른 시험 날과 다르다. 특히 종료 10분 전은 마치 한껏 끓어오른 가마솥 뚜껑을 열기 직전과 같은 긴장감이 있다. 답안지 마킹을 마친 몇몇 아이는 나와 눈이 마주치자 빙긋이 웃는다. 그 뜻을 알 것 같다. 이날은 시험 결과와 상관없이 모든 아이에게 축젯날이다.

아이들의 복장도 여느 시험일과 달리 사뭇 정돈되어 있다. 옅은 화장을 한 걸 보니 오늘의 일정이 예상된다. 시험을 모두 마친 아이들은 요모조모 신경 쓴 외모로 종례와 함께 학교 밖으로 튕겨 나갈 것이다. PC방에서, 노래방에서, 화장품 로드숍에서 또는 시장통 골목에서 시험무용담을 쏟아내겠지. 이럴 때는 100점 받은 아이나 48점 받은 아이나 크게 다르지 않다.

시험감독을 하면 평소 수업하지 않는 교실에도 들어간다. 3학년 교실 학급협약(우리학교는 급훈을 없애고 각 교실 학생들이 협약을 맺는다)이 '존버는 승리한다'이다. '존버'가 누구냐고? 혹시 경제학자쯤 되지 않을까 싶지만, 요즘 아이들 말로 'XX게 버티기는 승리한다'라는 의미이다. 예전 버전으로 보면 '엄마가 보고 있다', 'CCTV 작동 중'이거나 더 멀리 가면 '4당5락' 정도의 정서라고나 할까. 이런 말이 아직 유효한 걸 보면 여전히 공부의 기본은 '버티기'이다. 얼마나 버텨야 할까? 어떻게 버텨야 할까?

버티기, 좀 더 나아가 견디기의 효능에 대해서 말할 때 예로 드는 사례가 있다. TV 교양 프로그램이나 유아 예능 프로그램 등에 종종 등장하는 심리학 실험으로 유명한 '마시멜로 실험'이다.

아이가 혼자 빈방에 있을 때 식탁에 있는 마시멜로를 엄마가 다시 올 때까지 먹지 않고 참는다면 나중에 한 개 더 보상을 주는 이 '마시멜로 실험'은 아직도 교육학과 심리학 분야에서 널리 인용되고 있다. 이 실험은 마시멜로를 먹지 않고 참는 아이들이 나중에 학교 성적도 좋고 사회 적응력이 우수하다는 것, 즉 '인내심=미래의 성공'이라는 공식을 만들어냈다.

1966년 미국 스탠퍼드대 심리학자 월터 미셸 박사팀은 4세 유아들을 대상으로 '즉각적 유혹을 견디는 학습'이라는 주제의 실험을 했다. 연구진은 엄마가 아이들에게 "마시멜로를 언제든지 먹어도 상관없지만, 엄마가 다시 올 때까지 안 먹고 기다리면 한 개 더 먹을 수 있어"라고 말하고 방을 나가도록 한 뒤 아이들의 행동을 관찰했다.

실험 결과 엄마가 나가자마자 마시멜로를 먹어버리거나, 먹지 않으려고 노력하다가 결국 먹거나, 15분가량을 버티고 있다가 엄마가 돌아왔을 때 한 개 더 받아 두 개를 먹게 된 아이, 이렇게 세 부류로 나뉘었다.

미셸 박사팀은 15년이 지난 1981년에 실험에 참여했던 아이들을 다시 만났는데, 마시멜로의 유혹을 끝까지 참았던 아이들이 그렇지 않은 아이들보다 학업성취도, 건강 상태, 사회적응력, 가족 간 관계 등이 월등히 좋았다는 결론을 내렸다. '존버는 승리한다'의 근거인 셈이다.

최근 미국 뉴욕대(이하 'NYU')와 캘리포니아 어바인대(이하 'UC 어바인') 공동연구팀이 마시멜로 실험을 재현한 뒤 기존 실험 설계와 결론에 문제가 있다는 조금은 다른 시각의 연구 결과를 발표했다.

NYU와 UC 어바인 공동연구팀은 취학 전 아이들의 참을성은 개인의 인지능력뿐만 아니라 부모의 학력, 생활수준 같은 가정환경에 따라 달라지며 학업성취도나 사회적응력에 큰 영향을 미치지 못한다는 사실을 발표했다.

NYU와 UC 어바인 공동연구팀은 미국 국립보건원(NIH) 산하 국립아동보건 · 인간개발연구소에서 실시한 영유아 보육 및 청소년 발달 조사데이터 중 만족지연(인내심)을 측정한 생후 54개월의 유아 918명을 대상으로 분석했다. 연구팀은 1966년의 원조 '마시멜로 실험'과는 달리 분석의 초점을 부모와 가정환경에 맞추기 위해 분석 대상의 절반이 넘는 554명의 아이 엄마는 대학 교육을 받지 못한 이들로 선정했다.

NIH의 만족지연 실험은 원조 '마시멜로 실험'과는 달리 쿠키와 초콜릿 등 아이들이 좋아하는 간식을 앞에 놓고 15분의 절반인 7분을 기다리도록 했다. 그 결과 많은 아이가 7분을 참은 뒤 더 많은 간식을 받는 것이 관찰되었다.

가정환경이 어려운 아이들이 참지 못하고 간식을 먹는 것이 많이 관찰됐는데, 이는 가정형편 때문에 미래 보상에 대한 확신을 갖지 못하기 때문으로 연구팀은 해석했다.

NYU와 UC 어바인 공동연구팀은 실험에 참여한 아이들을 장기간 추적해 계산 능력과 읽기 능력을 확인한 결과 참을성을 갖고 7분을 기다린 아이들과 그렇지 않은 아이들의 수준 차이가 원조 '마시멜로 실험' 결과와 달리 크게 유의미하게 나타나지 않았다는 사실을 발견했다.

이 때문에 연구진은 영유아 시절 인내심 여부와 아이의 미래를 결부시킬 이유는 없다고 설명했다. 실험을 이끈 타일러 와츠 NYU 교수는 "인내심이 마치 미래 성공의 중요한 요소처럼 해석되고 강조돼서는 안 된다"고 하면서도 "이번 연구 결과가 아이들에게 인내심을 교육하는 것이 아무 효과가 없다고 해석돼서는 안 될 것"이라는 우려를 표하기도 했다. 시간차가 있는 두 연구 결과를 보면, 적정 수준의 인내심은 성장 과정에서 꼭 키워야 하는 인생의 준비물이라고 할 수 있다.

어쩌다 고등학교가 입시 범벅이 되어버렸지만, 그게 전부는 아니다. 교과 성적이 기대 수준에 미치지 못하거나 비교과 활동에 싫증과 짜증을 느끼거나 그것도 아니면 다양한 거북한 상황으로 자퇴를 생각하는 학생들이 있다. 대부분 어른 입장에서는 막고 싶은 마음이다. 그때 부모는 '일단 학교 졸업장만 따자' 아니면 '고등학교 졸업장은 있어야 하지 않겠니?'라는 식으로 대응한다.

아이들은 다른 말을 한다.

"대학 진학을 위해서 선택한 학교가 진학에 도움 되지 않고, 비교과 활동을 많이 해서 공부하는 데 방해된다."

"다른 학생들이 공부를 안 해서 집중이 안 된다."

학교에서의 경험을 성적으로만 평가한다면 내신 1, 2등급 학생 이외는 학교 환경이 불만스럽기 마련이다.

지금의 학교 환경은 여러 번의 변신 끝에 '학생선택형 교육과정'을 선보이고 있지만 학생의 수요를 모두 담기에는 갈 길이 먼 경색된 시스템이다. 본인이 선택한 과목이지만, 수능이나 입시 때문에 또는 학교 교육과정 편제상 어쩔 수 없이 선택할 수밖에 없는 과목이었다. 그래서 2015 개정 교육과정에서는 성취평가제(절대평가)로 평가하는 진로선택교과군이 생겨서 조금 숨통이 트이려고 하고 있다.

몇몇 학생에 의해 수업은 방해받을 수 있다. 나 중심으로 움직이지 않고 움직일 수도 없는 교실이 아이는 '쓸데없다'고 한다.

아이가 이런 말을 할 때 부모는 난감하다. 그래도 학교는 다녀야 할 것 같다. 그렇지만 대학 입시만 생각한다면 혼자 공부하게 하고 검정고시를 보는 방법도 있잖은가. 부모 마음이 살짝 흔들린다.

학교와도 관계 맺기를 잘해야 한다. 사람과 사람이 만나 관계 맺을 때와 다르지 않다. 처음에는 서먹하지만 자주 만나다 보면 관계가 부드러워지면서 재미도 생긴다. 일단 학교는 모든 아이의 개인적인 바람을 다 들어줄 수 없다. 한 가정의 왕자님, 공주님에게는 서운하고 불편하다.

우리 아이는 인(in)서울은 당연하고 이른바 SKY라 하는 하늘을 날게 하고 싶어 한다. 어디서 들었는지, 고등학교에 입학하면 '학교 성적은 1, 2등급, 비교과는 어마어마한 스펙, 그리고 자기소개서에 쓸 짱짱한 스토리'가 있어야 한다는 소문에 사로잡힌다. 어마어마한 크기로 자라난 소문의 무게는 학생의 대처 능력을 떨어뜨린다. 의욕이 사라진다. 조급증과 짜증이 더해지면서 내 옆에 있는 사람들이 가장 나를 불편하게 만드는 존재가 된다. 고교 3년은 상당히 긴 시간이다. 긴 시간은 긴 호흡으로 가야 한다.

최근 초등학생의 장래희망 조사에서 1인 방송 크리에이터가 1위를 차지했다는 결과를 보았다. 고등학생 중에도 크리에이터라는 직군이 종종 나온다. 크리에이터가 적성에 맞거나 유망직종이라서? 아니다. 단지 유튜브라는 플랫폼에 자주 접속하다 보니 익숙하기 때문이다.

크리에이터… 매력적이다. 손안의 작은 화면 속에서 유명 크리에이터는 별 힘도 들이지 않고 자기가 좋아하는 일만 한다. 음식을 수북이 쌓아놓고 먹고, 게임만 열심히 하면 될 거 같다.

이면을 들여다보면 소소한 일상이 반복되는 힘겨운 시기를 지나야 한다. 방탄소년단(BTS)은 데뷔 과정에서의 본인들의 소소한 일상을 오랜 기간 공개하면서 팬심을 증폭시켰다. 어느 무명 여가수는 데뷔하는 것이 녹록지 않아 그간 연습한 커버곡(다른 사람의 노래를 자신만의 음색으로 편곡해서 부른 노래) 동영상을 스트리밍 플랫폼에 꾸준히 올렸다. 작은 일상이 반복되다 어느새 구독자가 늘어 인기 동영상 순위에 오르고 광고가 붙고 수익이 들어온다.

학교생활도 마찬가지이다. 소소한 일상이 3년 동안 쌓인다. 교과우수상을 받지 못하더라도 선거 도우미 활동이나 방과 후 학교 1시간, 자율동아리 모임도 소중하다. 학교에서 관계 맺기는 소소한 일상에서 시작한다. 성적도, 스펙도, 스토리도 소소한 일상이 쌓인 결과이다.

서른 넘어도 독립 못 하는 아이라면

2학기가 되면 중학교에서 학부모 특강 요청이 들어온다.

같은 지역에 있는 학교는 크게 차이가 나지 않는다. 그래도 중학교 3학년 지원자 본인과 학부모는 여러 채널을 통해서 지역사회의 고등학교를 분석한다. 그러다 보니 학부모 특강이 끝나고 들어오는 질문은 대부분 직접적이다.

"내신 200점 만점에 170점인 우리 아이가 입학하면 어느 대학 정도 진학할 수 있을까요?"

"SKY에는 몇 명이나 들어갔나요?"

"우리 아이의 대입을 위해서 학교에서 어떤 지원을 해 줄 수 있는가요?"

학교가 어떤 철학으로 학생들을 건강하게 교육하고 있는지는 관심이 많지 않다.

중학교는 일반계 고등학교는 물론 특성화고등학교와 같이 졸업 후 취업을 목적으로 하는 학교를 안내하지만, 대부분 특성화고등학교 진학 후 대입 특별전형에 관심이 쏠린다. 하지만 특성화고를 대입 특별전형을 위해서 진학하는 것은 좋은 선택지가 아니다. 일반계 고등학교도 그렇지만 특성화고등학교 역시 대학으로 가는 징검다리로만 생각하면 고교 3년은 지루한 시간이 돼 버린다.

학부모 특강을 마무리하면서 "우리 아이가 인서울 못하는 것이 더 걱정일까요? 나이 서른에 부모에게 용돈을 받아 가며 집 밖으로 나가지 않으려고 하는 것이 더 걱정일까요?"라고 질문한다. 이 질문에 대한 답을 우리는 알고 있다.

오준이는 전문대 유통경영과에 진학했다. 고등학교 재학 중에는 학교 공부에 영 취미를 못 붙였다. 상담실 청소담당이어서 그냥 지나가는 말로 이런저런 이야기를 했다. 청소를 하는 모습이 설렁설렁이 아니었다. 걸레질도 제대로, 걸레 세척까지 제대로였다. 부모님 동의하에 식당에서 아르바이트를 꽤 했단다. 학업에는 뜻이 없어 수업 시간에는 그다지 존재감이 없었지만, 청소 시간에는 야무졌다.

청소하면서 학생들이 상담하는 모습을 지켜보던 오준이는 자기도 상담신청을 해도 되는지 물었다. 진로진학상담실에서의 상담은 성적이 대학교 갈만한 학생들만 하는 거라고 생각했단다. 상담실 이용에 관해 여러 번 안내를 했는데도 이렇게 생각한 것은 '진학은 성적순'이라는 생각이 강하기 때문이다. 생각하는 만큼 들리는 모양이다.

오준이 아버지는 농수산물시장에서 채소를 취급하고 계셨다. 형이 한 명 있는데 형도 고등학교 졸업 후 아버지와 함께 일을 하고 있었다. 오준이도 고등학교 졸업 후 대학 진학이 어려울 거 같아서 군대 제대하면 아버지 가게에서 일할 생각을 하고 있었다.

2학년이 되어서 같은 반 친구 중에 대학교 진학을 구체적으로 계획하는 것을 보니 살짝 관심이 생겼지만, 본인의 학업성적으로는 꿈꾸지 못하는 것으로 생각한 모양이다.

물론, 대학 진학은 학업성적이 우수한 학생들에게 기회가 많다. 하지만 늦게 공부할 의지가 생긴 학생에게도 문은 열려 있다. 전문대학(2, 3년제)은 일반 대학(4년제)과 달리 수시전형에서 1학년에서 3학년 1학기까지 총 5개 학기 중에서 한두 학기 성적만 반영하는 학교가 상당수 있다.

오준이에게 유통물류학과를 안내했다. 아버지가 농수산물을 취급하시는 모습을 보고 경매에도 관심이 많았다. 상담할 당시는 아직 두 개 학기 성적을 받을 기회가 있었다. 이후에 성적이 크게 오르지는 않았지만 오준이는 대학에 진학했고, 허세 반 장난 반으로 자기가 성공하면 학교에 찾아오겠다고 했다.

오준이는 공부머리는 조금 부족했다. 그런데 공부머리는 부족하지만, 생활머리가 있는 아이들이 있다. 부모들은 아이의 공부머리가 터지는 것을 소망하지만, 아이가 부모 곁을 떠나 살아가는 데는 생활머리가 있어야 한다. 부모가 성장한 자녀도 충분히 뒷받침할 능력이 있다면 모르겠지만, 우리 주위를 돌아보면 하루하루 개미처럼 열심히 일하는 사람들뿐이다. 모두 노후를 걱정하고 있고, 자식의 독립까지도 조마조마해 한다.

오준이가 성공해서 학교에 오겠다고 호기롭게 말할 수 있었던 자신감은 좋은 대학교에 진학해서가 아니다. 건강한 생활머리가 있었기 때문이다. 건강하고 행복한 아이는 이런 아이들이다. 오준이는 성적으로 기죽지 않았지만, 학업에 그다지 뜻이 없었기 때문에 수업 시간의 산만함은 종종 눈에 띄었다. 하지만 복도에서 운동장에서 동아리실에서 친구들과 관계를 엮어가는 모습은 주도적이고 여유가 있었다.

부모는 자녀의 행복과 진로도 중요하지만, 그래도 우리 아이는 학교에서 우수한 성적을 거두기를 희망한다. 하지만 그 성적이 희망한 대로 우리 아이의 몫이 되는 것도 쉽지 않고, 세상을 살아가는 힘은 성적이 아니라는 것도 알고 있다.

부모들은 내 아이의 삶이 고단하고 불안해지지 않을까 걱정되고, 지금의 넉넉한 환경을 그대로 물려주고 싶다. 노래 제목처럼 '꽃길만 걷게 해줄게'를 다짐하면서 부모들은 좌불안석이다. 하지만 고등학교를 졸업하고 경제활동을 하는 50여 년은 성적으로 사는 것이 아님을 잊지 말아야 한다.

영권이의 가면우울증

진로진학상담도 계절을 탄다. 학기 초에는 상담을 하러 오는 학생이 많다. 특히 여학생이 많다. 학년 말에는 학부모 상담이 많은 편이고 지필평가 1, 2주를 앞두고는 발길이 뚝 끊긴다. 담임교사들이 상담을 의뢰하는 경우 말고는 대부분 이 패턴은 늘 동일하다.

영권이는 담임교사가 상담을 의뢰한 경우이다. 아이가 너무 무기력해 보여서 상담을 부탁한다는 것이다. 환영하지만 상담실로 부르지는 않았다. 가장 상담 효과가 나타날 때는 내담자, 즉 학생 본인이 직접 상담실로 오는 경우이다. 억지로 담임교사가 상담실로 보내더라도 오기 싫어 옆으로 새는 학생도 있다. 주저하거나 꺼리는 학생과 상담을 하면 상담교사의 선한 의도가 오히려 아이에게 폭력적으로 다가갈 수도 있다. 하지만 일단 상담실을 스스로 찾아오는 경우는 상담 효과를 기대할 수 있다.

영권이는 중학교까지 학업성적이 꽤 좋았다. 그래서 가장 멋있어 보이는 의사를 꿈꾸기 시작했는데, 고등학교 1학년 첫 지필평가를 보고는 실망했다. 2차 지필평가에서도 마찬가지였다. 그때부터 불안과 화를 동반한 짜증과 우울감이 나타났다. 학교 탓을 하기도 하고 주위에서 학습 집중력을 떨어뜨리는 요소를 핑계 삼았지만 별 도움이 되지 않고 이내 우울감이 온몸을 감쌌다. 우울감은 정서적으로나, 신체적으로 회복탄력성을 크게 떨어뜨린다.

10대들의 진로희망은 고정적이지 않다. TV 예능 프로그램에서 종종 연예인들의 생활기록부를 공개한다. 눈에 띄는 부분이 장래희망이다. 1학년 과학자, 2학년 연예인, 3학년 화가 등 다양하다. MC가 말한다.

"꿈이 참 다양했군요."

맞다. 그 시절은 하고 싶은 것이 많다. 장래희망은 매년 바뀔 수 있다.

그러나 영권이는 1학년 때 진로희망사항을 의사라고 당당하게 적었는데, 곧 성적 때문에 계속 의사라고 기록하지 못하고 주눅 들었던 것이다. 자기 인생은 끝났다고 생각했다. 꿈이 의사라고 하니 일단 주위에서 훌륭한 꿈을 가졌다고 칭찬했다. 의사가 될 거라고 자신 있게 말했다. 하지만 성적이 떨어지니 꿈이 의사라고 얘기할 자신이 없다. 너무 일찍 드러낸 걸 후회했다. 부모님을 포함한 주위에서는 학업성적이 의과대학에 진학할 수준이 되는가에만 관심 있었다. 하지만 사실 의대 진학은 쉽지 않다. 의대 진학은 전체 수험생 중 상위 약 0.87%, 즉 1% 안에 드는 학생들만 갈 수 있다.

교과 성적이 만족스럽게 나오지 않아 주춤한 학생에게 그것을 보완할 수 있고 또 다른 관심사를 발굴하도록 교과 성적 이외에 학교에서의 다른 활동에 적극적으로 해보라고 교사들은 옆구리를 툭툭 친다. 눈치 있는 학생은 그것을 알아차려 엉덩이를 떼고 주위를 둘러본다.

"1학년 때 학생부에 모든 것이 의대에 맞춰져 있는데 진로를 틀어도 돼요?"

영권이 무기력의 핵심은 이 질문에 들어 있다.

'의대에 맞춰져 있다'는 무슨 의미이고 '진로를 튼다'는 무슨 의미일까? 의대는 작년 생각이었고 생각을 바꾸었다면 행동을 바꾸면 된다. 장래희망을 의사에서 CEO로 바꾼 것이 문제가 아니라 불안한 마음에 그 어떤 일에도 집중하지 못하고 흘려보내는 시간이 문제다.

"선생님, 저 PD도 하고 싶어요."

그래, 영권이야말로 평범한 10대인데 너무나도 일찍 가면을 쓰고 있었다. 어쩌면 그 가면은 우리 어른들이 씌운 것일 수 있다.

PD도 하고 싶은데 계열을 바꾸어야 하냐고 묻는다. PD는 신문방송학과나 언론학과 출신들만 지원할 수 있는 분야가 아니다. 하지만 방송 지상파 3사의 PD 분야 공채를 통과하려면 4년제 대학을 졸업하고 어려운 시험을 통과해야 한다. 학과가 정해져 있지 않다. 오히려 미디어 관련 학과 출신보다도 대학 재학 중 동아리 활동을 하거나 방송아카데미를 수강한 사람이 더 많은 편이다. 전공보다도 다양한 관심을 갖고 여러 채널을 통해서 그 관심사를 구현해 나가는 능력이 중요하기 때문에 '학과(전공)=직업'의 공식이 아니다. 특히 대학의 인문계열 학과는 더욱 그런 현상이 두드러진다.

그나마 교사 직군은 전공을 평생 가져간다. 그렇지만 누구도 인생은 알 수 없다. 사회생활을 오래 한 나도 도중에 전공을 바꾸었다. 영권이에게 내 얘기를 들려주었다.

"영권아, 선생님은 언제부터 이 일을 하게 되었을까?"

지금은 진로진학 상담교사로서 학생 또는 학부모와 상담하고, 수업하고, 학부모설명회를 하고 있지만, 대학 시절에는 상상도 못했다. 사범대학에 진학했지만, 재학 중에는 한 번도 직업으로 교사의 꿈을 품지 않았다. 일본어교육학과를 졸업하고 교원자격증을 장롱에 넣어둔 채 회사 생활을 하다가 교사가 되었다.

10년 전에 나를 만난 사람은 나를 일본어 교사로 알고 있지만,

그보다 더 10년 전에 만난 사람은 무역회사 직원으로 알고 있다. 지금은 컨설턴트로 학생과 학부모를 만나지만, 10년 후에는 학교를 벗어나서 새로운 집단의 사람들을 만날 수도 있다. 내 관심사를 꾸준히 틈틈이 찾아 나가다 보면 새로운 일이 눈에 들어올 것이다.

대학의 전공은 인생의 큰 선택이지만, 그 전공만으로 삶이 결정되지 않는다. 청소년 시절에 작성한 진로 로드맵으로 의사가 되기 위해서 차근차근 열심히 치열하게 준비하는 삶, 기특하고 훌륭하다. 하지만 어릴 때부터 꿈을 키우고 하면 좋겠지만, 내 경우를 봐도 그렇지 않은 삶이 훨씬 많다.

청소년기는 자아독립성을 기르고 긍정적인 삶의 태도를 배우는 시기이다. 성적으로만 독립성이 키워지지 않고 삶에 대한 태도가 긍정적으로 성장하지 않는다. 살아가는 데는 다양한 근육이 필요하다. 산에 올라갈 때 쓰는 근육과 공을 찰 때 쓰는 근육이 다르듯, 자신에게 필요한 근육은 무엇인지 잘 찾아보고 키워야 한다. 근육이 어렸을 때부터 탄탄한 것은 아니다. 그만큼 노력하니 단단하게 된 거다.

진로 수업 시간에 꿈 발표나 진로계획 발표 등을 하지 않는다. 손이 오그라드는 발표를 보고 있는 것도 힘들지만, 이제 그만 진로를 또는 직업을 빨리 결정해야 한다는 강박에서 벗어나도 되지 않을까 하는 생각이다.

"우리 대학 취업률은 전국 30개 대학 중 3위입니다. 데이터를 분석했어요. 막연히 입학 · 졸업 성적이 좋은 학생들의 취업률이 높을 거라 추측했죠. 뜯어보니 비교과 활동을 많이 한 학생들 취업률이 훨씬 높더군요."(박형주 아주대학교 총장 인터뷰, 〈중앙선데이〉 2020.04.25)

모든 걸 대학 진학으로 연결하면 사고와 행동이 제한된다. 그냥 긍정적인 마음으로 학교를 구석구석 다니면서 생활하다 보면 다음으로 나갈 힘을 얻어 졸업하게 될 것이다.

미인선발대회에 나가고 싶은 거니?
승무원이 되고 싶은 거니?

주말을 맞아 고속도로를 달려 경기도 외곽의 ○○고등학교로 컨설팅을 나갔다. 조금 일찍 도착하여 아침 이슬에 젖은 학교를 둘러보니 넓은 대지에 외모가 출중한 소나무까지 정감 있는 학교 조경이 부럽다.

컨설팅이 길어져 조금 지쳤을 즈음 경서가 어머니와 함께 들어왔다. 큰 키에 깔끔하게 넘긴 머리가 시원하다. 항공승무원이 되고 싶은데 2학년이 된 시점에서 무엇을 해야 할지 모녀가 조심스럽게 문의한다.

"승무원이 되려면 영어도 잘해야 하고 외모도 출중하고 무엇보다도 대학교 항공서비스학과에 진학해야 할 텐데…. 그리고 어마어마한 경쟁률도 무서워요."

항공서비스학과는 경쟁률도 높고 면접이 중요하기 때문에 동급생 중에 항공승무원학원을 다니는 친구가 많은데 경서는 그다지 내키지 않아 다니지 않고 있었다. 어머니는 승무원이라는 직업을 그다지 권하고 싶지 않지만, 아이가 하고 싶어 하니 그냥 지지한다는 입장이다.

오늘 컨설팅에 참여한 학생이 모두 여학생인데, 작은 학교에 승무원 바람이 분 모양이다. 5명 중의 3명이 승무원을 희망했다. 공항이 가까운 지역도 아닌데 특이하다. 이런 경우 대부분 졸업생이나 진로특강 프로그램으로 승무원이 다녀갔거나 학교에서 존재감 있는 학생이 분위기를 조성해나가기 때문이다.

천천히 경서의 서류를 보았다. 중학교에서는 민요를 전공했다. 고등학교를 국악을 전공하는 학교로 가려고 했으나 아쉽게 실패했다. 어머니는 아이에게 지원을 제대로 못 해줘서 국악고등학교 진학이 실패했다고 생각해서 무척 미안해했다. 그럼에도 민요를 전공한 사실은 무척 자랑스럽게 생각하는 편이었다. 엄마에게 딸 바보라고 핀잔을 주면서도 경서는 자신의 재능을 자랑하는 엄마의 모습이 싫지 않은 모습이다. 모녀간의 신뢰는 돈독해 보인다.

일반적으로 항공서비스 관련 학과에 진학하려면 항공승무원 학원에 다녀야 하는 것으로 오해한다. 항공서비스학과에서는 승무원을 선발하는 것이 아니라 그 공부를 할 고등학생을 선발한다. 그리고 항공승무원이 되기 위해서 반드시 항공서비스학과를 졸업해야 하는 것도 아니다. 하지만 대부분의 항공서비스학과에 진학하기 위해서는 면접을 거쳐야 한다.

항공승무원을 희망하는 학생이 많다. 특히 여학생이 꽤 많다. 항공승무원을 희망하는 여학생은 대부분 작지 않은 신장에 외모도 준수한 편이다. 그러다 보니 학교에서 눈에 띈다. 대학교 면접을 미인선발대회나 연예인 데뷔 오디션 정도로 생각한다. 다른 학생들이 교과학원에 다니듯이 이 학생들은 항공승무원 학원에 가서 상담을 받는다.

그러나 항공서비스학과의 학생 선발기준은 외모를 겨루는 미인선발대회와 다르다. 제한된 공간에서 근무해야 하는 특별한 환경을 버틸 수 있는 신체 건강하고 책임감 있는 직업인의 자세를 가져야 한다. 항공승무원은 승객들에게 여행의 즐거움을 배가시켜주는 역할을 한다. 고등학교 때부터 메이크업 기술과 승무원 올림머리를 배울 일이 아니다. 학교에서 책임감, 리더십, 동료 의식, 배려를 배워야 하고 건강해야 한다.

경서에게 먼저 ○○항공사 신입 객실승무원 구인광고를 보여주었다.

☞ 지원 자격

해외여행에 결격사유가 없고 병역필 또는 면제자

교정시력 1.0 이상인 자

기졸업자 또는 2019년 8월 졸업예정자

TOEIC 550점 또는 TOEIC Speaking LVL6 또는 OPIc LVL IM

이상 취득한 자

☞ 전형 절차

서류전형 》 1차 면접 》 2차 면접(영어 구술) 》 체력/수영 》

3차 면접 》 건강진단 》 최종합격

☞ 제출서류

어학 성적표 원본

최종학교 성적증명서

졸업(예정)증명서 또는 재학증명서

기타 자격증 사본(소지자에 한함)

☞ 기타사항

국가보훈대상자는 관계 법령에 의거하여 우대한다.

영어 구술성적 우수자는 전형 시 우대한다.

태권도, 검도, 유도, 합기도 등 무술 유단자는 전형 시 우대한다.

2년간 인턴으로 근무 후 소정의 심사를 거쳐 정규직으로 전환

가능.

구인광고 어디에도 외모에 대한 제한이 없고 출신학교는 물론 출신학과에 대한 제한도 없다. 대신 무엇을 잘하면 되는지 쉽게 알 수 있다. 영어 잘하고 대학교 학점이 좋으면 된다. 무술 자격증이 있으면 가산점도 있다. 하지만 구직자 입장에서는 정작 궁금한 것은 1차 면접에서 외모를 어떻게 평가할까이다. 인사담당자는 외모를 중심으로 평가하는 것이 아니라 '호감형'을 찾는다고 하지만, 그 말을 곧이곧대로 믿기에는 평가 기준이 애매하다.

애매함은 항공서비스학과를 지원할 때도 마찬가지이다. 일반대학(4년제)이나 전문대학 항공서비스학과는 대부분 면접을 보는데, 평가 기준을 알 수가 없다. 합격자의 내신 폭도 다른 학과에 비해서 월등히 넓다. 내신의 영향력보다 면접의 영향력이 크다고 해석할 수 있다. 이 면접의 애매함 속에 지원자는 뭐라도 해야겠다는 마음으로 고등학교 때부터 승무원 학원을 다닌다. 과유불급이다.

대학 면접관으로부터 학원을 다니는 것은 학생 선택의 문제이지만, 학교생활을 제대로 한 '선한 인상'의 학생을 선발하고자 한다는 답변을 받았다.

경서는 정돈된 외모에 민요를 전공하면서 익힌 품격 있는 태도가 남아 있었다. 국악고 진학의 실패를 통해서 치열한 경쟁에 대한 회의와 그 경쟁에서 벗어났다는 홀가분함은 경서의 정체성 형성에 크게 기여하고 있었다. 객실승무원도 좋은 분야이지만, 민요를 공부하며 얻은 좋은 발성과 재능으로 강연을 해도 좋을 듯하다고 조언했다.

상담이 끝나자 경서는 집에 돌아가서 당장 할 일이 생겼다고 기뻐했다. 어머니는 입시에 대한 불안감과 뒷받침을 해주지 못했다는 죄책감을 덜 수 있어 고맙다고 했다.

한 방송에서 항공조종사가 되고 싶은 학생을 인터뷰했다.

"어떤 파일럿이 되고 싶으세요??"

"항공사에서는 그냥 평범한 사람을 좋아해서…."

"평범한 사람을 원하기 때문에 평범한 사람이 되겠다는…!"(웃음)

"굳이 그런 거는 아닌데, 조종사라고 하면 책임감 이런 거는 당연한 것이고, 별 생각 안 하고 그런 인재가 좋은 거거든요."

"그럼 ○○씨는 어떤 파일럿이 되고 싶으세요."

"맡은 일 잘하고 규정 잘 지키는 그런 파일럿이 되고 싶어요."

"그래요, 항공사의 선발기준이 약간 '튀지 않는'이예요?"

"네, 특이한 행동하지 않고…."

"아, 그럴 수 있겠군요. 왜냐하면 승객의 안전을 보장해야 하는 분들이기 때문에 뭔가 돌발적인 성격보다는 약간 무난하고 차분하고 그런…."

항공조종사가 많은 사람의 안전을 지켜야 하니까 '맡은 일 잘하고, 규정 잘 지키고, 무난하고 차분한 사람'이라는 인성이 우선이 되는 것처럼 항공승무원도 비슷한 측면이 있다.

"경서야. 항공승무원은 미스코리아가 아니야."

돌아서서 나가는 아이에게 말하니, 모녀가 함께 정중하게 인사를 한다.

경서가 항공승무원의 꿈을 계속 키워나가면서 항공사 취업에 성공할지는 장담할 수 없다. 최근 코로나19 같은 특수한 상황이 아니어도 항공사 취업은 호락호락하지 않다. 다행히도 원하는 항공사 취업에 성공한다면 좋겠지만, 시도를 거듭해도 항공사의 문이 열리지 않을 수도 있다.

경서는 오랫동안 준비했던 국악고 진학에 실패하고 방황하는 시간이 있었겠지만, 오래 끌지 않고 털고 일어난 듯 보인다. 한 우물을 파야 하는 경우도 있지만, 안 되겠다 싶으면 시원하게 털어버릴 수 있는 것도 매우 좋은 강점이다. 경서가 중학교 때까지 갈고닦은 실력은 인생의 변곡점에서 중요한 역할을 할 것이다.

첫 아이라
걱정이 태산이에요

컨설팅을 마치고 나면 메일이나 연락처를 물어보는 분이 많다. 궁금한 일이 있으면 계속 문의하고 싶다는 의미일 것이다. 1학년 신입생인 지훈이의 어머니 역시 아이의 학교생활을 주욱 적어 보내며 이렇게 메일을 보냈다.

우리 아이는 중3 졸업성적 180점대 후반. 서울에서 중학교 2학년까지 재학, 경기도로 전학, 졸업 후 ㅇㅇ고등학교에 입학하였습니다. 국제고를 준비하였으나, 여러 날 고민 끝에 일반고로 결정하였습니다. 영어 스토리 작가를 꿈꾸며 영어전공을 생각하고 있었습니다. 선생님이 말씀하셨듯이 꼭 전공대로 먹고살지 않으니 전 본인이 좋아하는 전공을 전폭 지지합니다. 그런데 요즘 이것이 맞나 싶은 생각이 들어요.

교과 성적은 기대보다 잘 나오지 않아요. 영어는 가장 좋아하는 과목입니다. 그리고 잘하고 싶어 하는 과목이기도 하죠. 국어는 작가 관련 직종을 염두에 두었기 때문에 나름 흥미로워합니다. 미술은 예술의 전당 미술 영재반에 3년 다닌 경험이 있습니다.

아이의 기질이 이런 것들이라 생각하여 복합적으로 적용된 '영어 스토리 작가군'을 꿈꾸고 있는데 그에 맞는 과를 고를 수가 없어요. 어느 하나를 정해야 하는 실정인 듯싶습니다. 이럴 경우 어느 방향으로 선택해야 할지 길을 잃었습니다. 영어를 선택하자니 전문성이 떨어지고, 국어(문예창작과)나 미술(디자인 학부)을 선택하자니 이제껏 해왔던 학습의 노선에서 벗어나 다른 것들을 준비해야 할 것 같고. 헷갈리기 시작했습니다.

컨설팅을 받아도 그때뿐이다. 다른 학부모들의 모습을 보면서 자꾸만 흔들리기 때문이다. 이분도 고민이 참 많았나 보다. 구체적인 질문이 이어졌다.

- 좀 더 신경을 써야 할 교과 과목은 무엇인가요? 혹은 학교 활동이 어떤 것이 있을까요?

- 수학 과목 공부량을 줄이고, 전공할 과목 공부에 집중하고 싶은데 그래도 될까요? 학교 안에서 등교 시간 전(9시 이전)이나 점심시간에 공부할 수 있는 장소는 없을까요?
- 요즘 들어 읽기가 부족함을 많이 느낍니다. 천천히 생각하면서 읽는 습관이 있다 보니 시간 안에 많은 데이터를 처리할 때 빠르게 읽어야 하는 것을 조금 부담스러워해요. 이것을 개선할 방법은 없을까요?
- 만약 2학년 학기 시작 중 교환 학생으로 미국으로 일 년 다녀온다면 2학년 성적 산출은 어떻게 될까요?

첫째 아이의 경우 학부모들의 걱정은 더 크다. 요즘은 자녀가 하나이거나 둘이 대부분이라 더더욱 아이에 대한 관심이 높다. 지훈이 엄마는 첫째 아이라 많이 불안했지만, 그래도 학교를 믿고 불안이 아이에게 전이되지 않도록 주의를 기울였다.

부모의 열정이 넘쳐서 아이 입학과 함께 같이 학교에 다니듯이 몰입하는 경우도 종종 있는데, 이때 아이와 부모의 관계가 틀어지기에 십상이다. 에너지와 시간을 부모 본인의 계발에 활용하면 아이도 살고 부모는 노후 준비를 할 수 있다.

아이가 힘에 부치는 것 같아 해주고 싶은 마음에 나서지만, 신발끈 매주지 말고 아이가 묶을 때까지 기다려보면 그리 긴 시간도 아니다. 지켜보면서 간섭하지 않고 기다리는 것이 어려우면 나만의 산책코스를 개발해서 걷다 보면 잠시 잊을 수 있다.

우리 학교는 일부 성적 상위권 학생만을 특별히 집중 관리하거나, 하위권 학생이라고 제외시키지 않는다. 성적으로 그룹을 나누지 않는다. 모두 다 참여할 수 있고 모두에게 기회의 문이 열려 있다. 학교는 공부 잘하는 학생만을 위한 곳이 아니다.

또 다른 아이 효민이는 활달하지만, 지극히 평범한 학생이다.

누구와도 잘 어울리는 밝고 명랑한 성격으로 매사에 자신감이 넘치며 자존감이 높아 재치 있는 말솜씨로 주변 사람들을 즐겁게 해 줌. 타인과 말하기를 좋아하는 성격이라 허용적인 화법으로 친구 간의 갈등을 잘 조정하고 성격이 활발하여 친구와 쉽게 친해지는 편임. 자신과 친구의 감정을 솔직하게 인정하는 순수함이 있으며 때로는 마음이 여려 감당하기 어려운 일이 있었을 때 흔들리는 모습을 보일 때도 있으나 금방 잘 추스름. 책임감이 뛰어나 자신에게 주어진 일을 꼼꼼하게 처리하고자 항상 노력하는 모습을 보임. 학업에 대한 관심이 있고 실제로 열심히 하고자 노력하는 잠재력과 역량이 있는 학생이므로 지금처럼 성실히 자신이 해야 할 일을 찾아 자기주도적으로 매진한다면 지속적으로 성장 가능할 것으로 기대됨

효민이의 학생부 행동특성 및 종합의견의 기록을 보고 학교생활을 어떻게 판단할지는 모르겠다. 효민이는 중위권 성적에 까불이 학생이다. 3학년 때 대입 수시전형 지원에서 자기소개서 쓰고 면접을 본 후 다행히도 바라는 대학, 학과에 진학했다. 안정적인 가정환경으로 정서적으로 편안한 아이였다. 학부모는 아이가 건강하게 자랄 수 있도록 편안한 환경을 제공했다.

꽃길만 걷게 하겠다는 말을 자주 듣는다. 고생하지 말고 편안하게 살아가라는 의미이다. 그 꽃길은 부모의 희생으로 만들어진다. 아이가 평생 동안 꽃길을 걸을 수 있도록 하려면 아이가 스스로 꽃길을 만들게 하는 편이 훨씬 좋다.

보호가 지나치면 오히려 아이를 약하게 만든다. 위험하지 않고 다른 사람에게 해가 되지 않는다면 그냥 두는 것도 좋다. 아이들은 어른보다 훨씬 직관적이다. 돌이 갓 지난 아기도 소파에서 내려올 때 다리부터 디딜 줄 안다. 부모가 조금만 기다리면 알아서 잘 내려올 텐데 경험이 없는 엄마 아빠가 지레 소리를 지르니 경기를 하거나 울음을 터뜨린다. 초등학교이건 중 · 고등학교이건 입학할 때 부모가 너무 잘해야 한다고 다짐하지 말자.

하나의 기준으로만 아이를 비교하지 말자. 지금 우리 아이는 세상을 멋지게 살아가기 위해 근육을 키우는 중이다.

영어 스토리 작가를 꿈꾸는 지훈이는 홈스테이로 미국에도 2주

정도 다녀왔다. 하고 싶은 거 다 해보며 학교생활을 열심히 했다. 언어에 관심이 많아 미국의 학교 풍경이나 생활들이 궁금하여 홈메이트와 많은 이야기를 했다니 기특했다.

"다녀와서 기말고사 볼 때 엄청 고생은 했지만, 홈스테이 경험은 이제 무엇과도 바꾸지 않을 거예요."

아이들이 만나는 경험은 무엇이든 새로운 것이다. 그리고 그 경험이 아이의 삶을 어떻게 바꿀지는 아무도 모른다. 우리 아이가 지금 하는 이 경험으로 뉴턴처럼 유명한 과학자가 될 수도 있고, 인류의 삶을 바꾼 스티브 잡스처럼 될 수도 있다.

학부모 상담을 시작하면서 특히 자녀의 문제에 어려움을 겪고 있는 경우 아이가 몇 째인지 질문한다. 경험상 보면 첫째는 책임감이 강하고 내성적인 반면, 둘째는 첫째가 주저했던 일에도 도전하고 적극적이다. 외동은 욕심이 없는 반면 지는 일에 익숙하지 않다.

하지만 지훈이는 첫째임에도 학교 활동에 적극적으로 참여하고 새로운 일에도 관심이 많다. 그리고 자신의 선택에 자신감을 갖고 주저하지 않았다. 원격 등교 상황에서도 상담을 신청해서 어머니와 함께 3자 화상상담을 했다.

코로나19를 나에게만 닥친 불리함으로 생각하지 않고 그저 약간의 불편함 정도로 느끼는 모습이 건강해 보인다. 처음에는 화상을 통한 수업이나 수행평가, 모둠활동이 간접적이고 시간이 많이 걸렸지만, 오히려 다양한 미디어 매체에 관심을 갖게 되는 계기가 됐다고 한다.

선택의 연속인 상황에서 선택지의 유불리를 따지기보다 일단 선택한 것에 집중하는 아이가 학교생활에서도 자신감 넘친다.

물리치료사?
너도 할 수 있어

수업 결손을 막기 위해서 주로 점심시간이나 방과 후에 상담을 진행한다. 상담을 한 지 10분밖에 되지 않았는데도 머리가 터질 것 같을 때가 있고, 한 시간을 진행해도 피로감은커녕 보람을 느낄 때가 있다.

상담 전에 묻는다. "내가 무엇을 상담하면 되니?"

그럼 열에 아홉은 "제가 대학에 갈 수 있나요?"라고 말한다. 아이들의 최대 관심사는 너나없이 대학 진학이다.

이마에 마치 '바른생활' 이라고 써 있는 것 같은 시은이가 상담을 신청했다.

"뭐 얘기하고 싶어?"

하지만 시은이는 머뭇거렸다. 상담을 하러 왔으니 어떻게든 대화를 끌어가야 했다.

"그럼 뭘 찾아볼까? 아니면 무엇을 하고 싶니?"

"물리치료사가 되고 싶은데 대학교에 갈 수 있나요?"

"갈 수 있지."

"물리치료과는 점수가 높다던데."

아이가 이렇게 주저하는 것은 성적이 못 미치기 때문인 경우가 많다.

"그러게, 성적이 살짝 아쉽네. 그런데 물리치료사는 성적이 엄청나게 좋은 학생만 될 수 있는 게 아니야. 너같이 수업 태도나 학교생활 태도가 반듯한 사람이 할 수 있어. 물리치료는 머리로만 하는 것이 아니라 몸과 마음으로 하는 거거든. 그래서 태도를 보는 것이지. 무슨 이유인지 너는 수업 시간 태도는 좋은데, 성적이 그 태도와 조금 어울리지 않네."

"기초가 없어서 그런가 봐요."

"그럼, 그 기초를 닦기 위해서 하는 일은 뭐가 있어?"

"1학년 때부터 국어학원을 다녀요."

"국어 기초가 부족하다고 생각하니?"

"영어학원도 다녀봤는데, 너무 숙제만 많이 내줘서요."

"그럼, 일 년 반을 국어학원 다녔는데 성과는 어때?"

"그게…."

"그래, 그럼 학원이 문제가 아닐 것 같은데? 네가 국어를 생각한 것도 국어는 무섭지 않으니깐 선택한 것 같아. 영어는 무서워서 피한 건 아닐까."

"네. 영어는 잘 모르겠어요."

"학교 공부 외에 새로 시작한 일이 있니?"

"경기꿈의대학에서 「인간중심 간호학과 탐구」라는 강좌를 매주 수요일에 듣고 있는데 수업이 재미있어요."

"그래 성적이 향상되면 좋겠지만, 네가 원하는 만큼 올라가지는 않을 수 있어. 성적이 올라가길 바라는 마음은 그 전에 비해서 커졌지만, 행동의 변화는 아직 일어나지 않았으니깐. 학원을 다닌다는 것이 행동의 변화를 보여주는 것은 아니지만, 그래도 그런 비교과 활동을 시작한 것을 보니 움직임이 보이긴 한다."

"그런데 제가 이 성적으로 물리치료학과에 갈 수 있나요?"

"왜 물리치료사가 되고 싶니?"

이제부터는 아이와 함께 정보를 찾으며 이야기를 나누었다. 물리치료사는 어떠한 곳에서 근무를 하는지를 알아보고 상급종합병원, 지역 종합병원, 정형외과 등 병원마다 채용기준이 다르고 급여체계가 다름을 확인했다.

물리치료사는 어떻게 되는가? 물리치료사가 되는 길은 의외로 간단하다. 9월에 시험접수, 12월에 필기와 실기 시험시행, 지원 자격 요건은 일반대학(4년제 대학) 및 전문대학에서 면허취득에 상응하는 전공을 이수한 자로 의외로 심플하다. 지금 상황으로 시은이가 물리치료사를 못 할 이유가 없다.

물리치료학과 진학을 넘어 병원의 물리치료사 채용 과정을 알아보면 집중력이 확 올라간다. 병원 업무 종사자의 채용 과정은 간호학과, 작업치료학과, 방사선과, 임상병리학과, 치위생학과 등 보건계열은 대부분 유사하다.

보통 대부분 성적이 저조한 과목의 성적을 올리겠다고 학원 수강부터 시작해서 양적으로 투자하지만, 실효를 거두기 어렵다. 조금 더 성적이 양호한 과목이나 조금 더 관심이 가는 과목으로 시작하는 것이 방법이다.

여기서 자신을 이해하는 데 도움이 되는 표준화 검사(무료)를 하나 소개하면, 미국의 비영리 단체인 긍정심리학 연구소에서 개발해서 전 세계 언어로 제공하는 성격강점 검사가 있다. 자신의 가장 큰 강점을 발견하면, 강점을 이용하여 스트레스와 삶의 문제를 해결하고, 행복해지고, 가장 중요한 사람들과의 관계를 발전시킬 수 있다는 이론을 바탕으로 시작한 꽤 유용한 검사 도구이다. 그 홈페이지(www.viacharacter.org)에 접속하면 쉽게 활용할 수 있다.

이 검사는 사람의 성격을 24개의 카테고리로 분류해서 제1강점부터 제24강점까지 설명과 함께 결과 프로파일을 제공한다. 한국어로 응답하면 한국어 파일로, 영어로 응답하면 영문 파일로 제공된다. 10분 투자로 자신의 행동을 조금 더 객관적으로 이해할 수 있는 개인 자료를 볼 수 있다.

시은이의 검사 결과를 보니 사회성(정서지능, 대인지능), 유머, 통찰(지혜), 호기심이 상위 성격강점으로 나왔다. 물리치료사에 어울리는 근거를 하나 더 추가했다. 시은이도 꿈에 조금 더 접근하기 위한 동력을 찾았다.

시은이 학생부의 행동특성 및 종합의견 기록을 보면, 고등학교 3년은 대학교 진학에 필요한 성적을 받기 위한 기간만이 아니라는 것을 알 수 있다.

> 늘 생글생글 웃는 얼굴로 학교생활을 즐겁게 하는 학생으로 일 년 동안 지각 한번 없이, 심지어 몸이 아플 때도 학교에 빠지지 않고 충실히 생활함. (중략) 다른 학생들이 무심히 생각하는 평화교육이나 소방교육 등에 관심을 가지고 임하며 작은 일에도 감사할 줄 알고 그 마음을 잘 표현함

어떤 일을 시도할 때는 구체적인 정보도 필요하지만, 가끔은 이렇게 마음을 움직일 수 있는 작은 실마리만 있어도 충분하다.

상담을 마치고 시은이가 웃으며 묻는다.

"시험 끝나고 또 와도 돼요?"

그리고 한참 지나 올 1월에 시은이의 물리치료학과 합격 소식이 들려왔다.

음미체!
네 꿈을 그려봐

명재는 1학년 때까지 학교 운동부에서 축구를 했다. 실용경제 시간에 발표를 하는데 PPT를 활용하고 싶다며 원고를 가져왔다. 명재를 자리에 앉히고 그 원고를 총 4면으로 된 간단한 포맷으로 구성하도록 살짝 거들어줬다. 운동을 접고 교과 공부를 시작하려고 하는데 어찌할 바를 모르고 주저하고 있을 때 PPT 4면 완성을 시작으로 자신감을 갖기 시작했다.

운동부 학생들은 운동장에서는 열정적이지만, 수줍음이 많은 편이다. 교양과목인 실용경제 발표 때문에 수줍어하면서 상담실로 들어오는 모습이 대견했다. 부담감을 떨치고 접근할 마음이 생긴 모양이다.

도서관에 가서 책 두 권만 대여해서 가져오라고 했다. '경제와 나의 진로'라는 발표 주제에 맞춰 프리미어 리그와 롤모델인 축구 선수의 책을 골라왔다. 두 권을 빠르게 읽으면서 발표를 준비하니 말에 힘이 실렸다. 명재는 말보다는 몸을 쓰는 경험이 훨씬 많아서 말로 표현하려고 하니 어휘를 자연스럽게 활용하는 것을 어려워 했다. 명재가 골라 온 책에서 하고 싶은 말을 찾을 수 있었다.

학교 대표 운동선수인 명재가 교내활동에 왜 이렇게 열심일까 궁금했다. 명재는 1학년 겨울 훈련 중 부상을 입었는데, 그때 운동 선수로의 한계를 느낀 모양이다. 하지만 명재의 학업태도는 부상 후 갑자기 좋아진 일은 아니다. 중학교 때부터 시작한 운동부 활동으로 고등학교 1학년 교과 성적은 다른 운동부 학생과 다르지 않았다. 하지만 명재는 수업 시간에 여느 운동부 학생과는 달리 깨어 있었다. 명재에게 수업 시간은 공부를 잘하는 시간이 아니라 공부를 연습하는 시간이었다.

입학 후 40점대였던 영어 성적이 서서히 상승 곡선을 타더니 3학년 마지막 지필평가에서는 80점대까지 상승했다. 교과 성적 향상도 눈에 띄었지만, 그보다도 모든 교과 선생님의 일관된 평가가 주목할 만하다. 선생님들의 평가는 기록으로 오롯이 남았다.

수업에 누구보다 성실하게 임하며 적극적으로 참여하려고 노력하는 학생으로 특히 하나의 성어를 주제로 고등학교 생활을 서술하는 수행평가에서는 '우공이산'을 활용하여 운동과 학업을 병행하여 정진한 자신의 생활과 유혹을 이겨낼 수 있게 해준 목표와 신념을 돌아보며 그것을 글과 그림으로 표현한 것이 훌륭했음

위의 학생부 기록은 상위권 학생들에 비하면 평범한 기록이지만, 훈련이나 경기 일정으로 교내 활동에 많이 참여하지 못한 명재의 행동변화를 잘 보여주는 대목이다. 그리고 그것을 지켜보고 기록한 교사의 관찰력도 거들어줬다.

명재는 결국 지원한 70여 명 중에서 교과 성적은 가장 낮았지만, 서류평가(학생부+자기소개서)에서 최고점으로 1단계 통과 후 면접을 거쳐서 원하는 체육학과에 최종 합격했다. 보통 이 대학교에 학생부종합전형으로 입학한 학생들의 학생부는 20여 쪽을 가볍게 넘는다. 명재는 11쪽에 불과했으나 학생부에는 3년 동안의 성장 과정이 고스란히 담겨 있었다.

운동 특기자를 포함해서 고등학교에서 예체능 학생들의 진로 지도는 상당히 어려움이 있다. 지금까지 많은 진로진학상담을 하면서 가장 난감한 사례가 '실용음악과 가고 싶어요'였다. 그럼 노래할 수 있냐고 물어보면 아직 준비가 안 되었단다. 실용음악과를 가고는 싶지만, 음악을 잘 모르는 교사에게까지 평가받고 싶지는 않

은 모양이다. 수백 대 1 이상의 경쟁률을 뚫고 실용음악과에 합격한 학생들의 실기 합격 동영상들을 찾아보았다. 실용음악을 공부할 학생들이 아니라 거의 프로 가수급 실력이다. 노래를 잘하는 사람보다 평생 노래를 할 수 있는 사람을 선발하는 것 같다. 그래서 노래 실력으로 주목받지 못해도 얼마나 지속할 수 있는지 학생에게 물어본다. 거기까지는 대답을 어려워한다.

예체능 계열로 진학을 희망하는 학생 중에는 입시를 위해 학원을 다니면서부터는 고등학교 생활은 졸업장을 위한 절차 정도로 생각하는 경우가 드물지 않다. 예체능 계열 입시에서 내신반영률이 낮다는 것을 학원 수강하면서 정보로 습득하고 학교생활은 내팽개친다.

학생부 기록에 오해가 많다. 교과 성적이 우수한 학생들만 신경써서 기록하고, 활동도 몰아주면서 보살핀다고 생각한다. 교과 성적이 우수하고 학교 활동을 열심히 참여하는 학생은 학생부 분량이 여느 학생에 비해서 많은 편이다. 하지만 그 학생은 시간을 쪼개서 학교에서 하는 실험 실습에 참가했고, 도서관에서 저자와의 대화를 하고, 지역사회의 역사적 의미를 찾아 소감문을 작성했다. 봉사활동도 적극적으로 했고, 다른 학생들이 눈여겨보지 않은 장애인식개선 포스터 공모전까지 참가한 결과들이다.

그뿐인가 심리학 관련 자율 동아리를 만들겠다고 학교에서 제시한 절차에 맞춰서 계획서를 제출했고, 수업 시간에 수행평가로 발표를 할 때 자료조사를 부지런히 준비했다. 인기 있는 학교 프로그램에 참여하려고 선착순이라면 아침 일찍 교무실 문 앞에서 선생님 출근을 기다리고, 온라인 접수라면 여러 번의 연습으로 먼저 클릭한 결과이고, 구구절절하게 신청 동기란을 채운 결과이다. 학생들의 정성(精誠)의 결과이다.

교과 성적도 어찌 보면 정성의 결과라 할 수 있다. 두뇌가 명석한 학생도 가끔 있지만 '어떤 사실을 아는 사람은 그것을 좋아하는 사람만 못하고, 좋아하는 사람은 즐기는 사람만 못하다(知之者 不如好之者, 好之者 不如 樂之者)'는 말처럼 학교에서도 교과 성적을 넘어서 학교생활 자체를 즐기는 학생이 꽤 많다.

학교 수업을 마치고 바로 학원에 가서 내신을 대비한다면 교과 성적으로 학원 수강의 효과를 보여줄 수 있어야 한다. 학교 내신은 학원에서 대비하는 것이 아니다. 교실 수업 안에서 대비하는 것이다. 수업 안에서 교사와 친구와 함께하는 완전학습이 중요하다.

명재는 내신대비반을 다니지 않았는데도, 방학 중 선행학습반을 다니지 않았는데도 학교 수업의 예 · 복습만으로 고등학교 3년 중 마지막 지필평가에서 매우 뛰어난 교과 성적이 나왔다. 명재는 교실을 의심하지도 불안해하지도 않았다.

학기 말에 가졌던 수학발표 수업에서 긍정적인 태도와 적극성을 살려 수업 활동에 열심히 참여함. 운동부로 오랫동안 활동하면서 수업 시간에 쉽지 않음에도 불구하고 다른 어떤 학생보다 수업 태도가 바르고 진지하게 듣는 모습이 매우 인상적임. (중략) 학습 열의가 높으며 이해하지 못하는 수학 개념은 지속적으로 질문과 연습을 통해서 완전히 이해하고자 노력하여 많은 성적향상도 이룸

고등학교 교육과정은 대학교에 들어가기 위한 징검다리가 아니라 그 하나하나가 정체성이다. 대학교에 가기 위해 스펙을 쌓는 시간이 아니라 계속 성장하는 시간이다. 그 자체로 보고 그냥 천천히 뚜벅뚜벅 우공이산의 마음으로 가다 보면 그 여러 지점에서 학교생활을 행복하게 마칠 수도 있고 더 넘어 꿈에 도달할 수 있다.

초등학교 입학 전부터 대부분 미술학원, 피아노학원, 태권도학원 등 예체능학원 삼총사를 섭렵한다. 아이들에게 아주 좋은 지원이다. 이렇게 유초등 시절 예체능학원을 지원했던 부모나 학생 중에서 중학교 들어갈 때 즈음 학업에 특별히 관심을 보이지 않으면 예체능 계열로 대학 진학을 고민해 본다. 그런데 축구를 좋아하는 아들에게 "너 체대나 갈래?"라고 하거나 성적이 부족하니깐 실기가 더해지면 대학 진학이 조금은 수월해질까 하는 기대로 입시 학원을 두드리는 것은 바람직하지 않다. 무책임하고 잘못된 진로지

도이다.

유아기에는 타고난 유연성으로 아이가 특별히 산만하지 않으면 예체능 강습을 곧잘 따라 한다. 거기서 아이의 재능을 발견해낸다. 한둘밖에 없는 자녀에게서 이런 재능을 발견하고 경제적인 여건만 허락하면 모든 부모가 한 번쯤 생각해 보는 선택지이다.

사회생활을 하면서 보니 타고난 예체능계 재능으로 직업으로까지 연결시켜서 경제활동을 하는 사람을 보면 참 부럽다. 그 재능을 키우기 위해서 본인은 얼마나 노력을 했을지 부모는 얼마나 애간장을 태웠을지 짐작이 간다. 재능과 그 재능을 능가하는 연습의 시간을 견딜 수 있는 태도의 근성이 필요하다.

입시의 최전선에서 직업을 선택하다

일반계 고등학교에는 3학년이 되면 직업교육 위탁과정이 있다. 학교 밖 외부 교육기관에서 일 년 동안 빡빡한 일정의 직업기술교육을 받는다.

중학교를 졸업하는 대부분의 학생은 친구들과 함께 일반계 고등학교로 진학한다. 하지만 일반계 고등학교에 진학해서 대학 진학을 포기하고 취업을 희망하는 학생들을 위해서 직업교육 위탁과정을 운영한다. 이들은 3학년 기간 중 외부 기관에서 직업교육을 받으면서 매월 1, 2회 학교로 등교한다. 학교에 등교하는 날은 여러 프로그램을 진행하면서 아이들에게 소속감을 키워 준다.

2주 전 마음을 불편하게 하고 귀가한 우성이도 밝은 모습으로 등교했다. 삐치지 않은 것을 보니 오히려 반가웠다. 2주 전 우성이는 외부 기관에서 진행한 바리스타 체험 수업에서 스마트폰을 보면서 웃고 산만하게 굴어 수업 중에 눈치를 줬지만 멈추지 못했다. 수업을 마치고 수업을 진행하신 강사님이 없는 자리에서 조금 불편한 얘기를 했더니 잘못했다는 표시인지 바쁘게 인사를 하는 둥 마는 둥 나가버렸다.

고교 졸업 후 바로 취업을 고려하는 직업교육 위탁과정 아이들에게는 탁월한 개인 능력보다는 다른 사람과의 관계 맺음이 더 중요하다.

직업교육 위탁과정을 일 년 이수하고 취득할 수 있는 자격증은 초급 자격증인 기능사 자격증 정도이다. 그나마 자격증을 취득하지 못하고 졸업하는 아이도 있다. 첫 직장에서 능력으로 인정받기까지 인턴, 계약직, 수습의 과정을 거쳐야 한다. 나중에 대학이나 평생학습기관에서 학업을 할 기회도 있지만, 지금 당장은 올 3학년을 마치면 바로 취업의 길로 들어선다. 그래서 고등학교 과정에서 관계와 태도에 대해서 선행학습을 않으면 안 된다.

이 아이들은 대개는 고교 졸업 후 최저 시급을 받으면서 상당 기간 일을 한다. 남학생은 입대를 하기도 하지만, 바로 경제활동을 시작한다. 아직 우리나라는 고등학교를 막 졸업한 어린 사회인에게 돌아갈 좋은 일자리도 많지 않고 좋은 직장 선배를 만나기도 쉽지 않다. 위탁기간 중 주로 취득하는 미용, 요리, 제과제빵, 자동차 정비 등 대부분 서비스업종에서 일하면서 몸에 밴 습관과 태도가 그 직장에서 능력으로 평가받을 것이다. 졸업 후 대부분 요리, 미용 등 서비스업종에 종사한다. 서비스를 받기 위해서 금액을 지출하는 고객들과 선배, 고용주 사이에서 버티는 시간이 필요하다.

조리사 자격증이나 자동차정비기능사 자격증을 갓 취득한 아이들에게 대단한 실력이 있겠는가. 현장에서 선배들에게 배워가며 실력을 쌓을 때까지 시간이 필요하다. 그 기간에 마음의 상처나 무시를 받을 수도 있고 지루할 수도 있다. 그것을 버텨나갈 만한 내적 근육을 단련해나가는 것이 훨씬 중요하다.

일반계 고등학교, 소위 말하는 인문계 고등학교에 직업교육 위탁과정은 꽤 오래되었다. 30여 년 전, 늦둥이 남동생이 직업교육 위탁과정을 이수했다. 동생은 고등학교 2학년이 되도록 공부에 싹수를 볼 수가 없었다. 자동차 정비를 선택하고 직업훈련기관에서 고3 일 년 동안 훈련받으면서 2급 자동차정비기능사 자격증을 취득한 후 버스회사 정비팀에 취업했다. 그 후 택시회사, 버스회사를 비롯해서 개인 자동차정비소 등에서 10여 년을 근무했다. 근무하는 동안에도 1급 기능사에 응시하도록 권해봤지만, 공부는 딱 거기까지였던 모양이다.

나는 동생이 19살 어린 나이에 소위 말하는 기름밥을 먹는 것이 아쉬움이 컸다. 하지만 내가 할 수 있는 일은 없었다. 어차피 본인이 겪어야 하는 몫이었다. 내가 해줄 수 있는 일은 매일 땀에 젖고 기름 묻은 작업복을 세탁기에 돌려주는 일밖에 없었다. 그리고 아침에 늦장을 부릴 것 같으면 듣기 싫은 소리를 해서라도 출근을 재촉하는 게 전부였다. 또래 아이들이 교재를 챙겨서 등교하듯이 세탁된 작업복을 가지고 출근하는 모습을 격려하고 지지했다.

직장을 꽤 성실하게 다닌 덕분에 직장 상사의 주선으로 미국의 한인이 운영하는 자동차정비소에 항공우편으로 이력서를 제출했다. 미국 자동차정비소에서 굳이 먼 한국의 기술자를 찾는 이유가 궁금했다. 미국 자동차정비소에 근무하는 기술자는 남미 출신 기능공이 많은데 한국인 사장의 '빨리빨리'에 호흡을 맞추지 못한다고 한다. 이력서를 제출하고 9 · 11 사태로 비자 신청서류가 미국 이민국에서 몇 년간 잠자는 바람에 기다림의 시간이 있었지만, 15년 전 미국으로 취업이민을 떠났다.

혼자 떠나는 날 차마 말로는 못 하고 문자를 보냈다.

'너무 힘들면 돌아와라.'

동생은 많이 힘들었지만 버텨냈다. 한국에 있을 때 꼬박꼬박 출근했던 습관 덕분이 아닐까 싶다.

한국에 있을 때 항상 바짝 자른 손톱 밑에 까만 기름때가 묻어 있던 기억이 난다. 지금도 같은 일을 하고 있으니 여전하려나 모르겠다. 하지만 지금 기름때는 그때와는 조금은 다르다.

30여 년 전 나는 대학을 다니면서 동생은 기술을 배우라고 떠미는 것 같아서 마음에 걸렸지만, 마음 착하고 아름다운 아내와 예쁜 딸들을 키우는 모습을 보니 잘한 선택이었던 것 같다.

직업교육 위탁생처럼 자의에 의한 취업이든 진학 실패로 인한 타의에 의한 취업이든 취업을 할 때는 실력 이전에 태도를 먼저 본다. 어느 직장이든 성실한 사람이 최고다. 이 성실함은 청소년기에 습관으로 몸에 새긴다. 아이들에게는 연습이 필요하다.

매년 12월쯤 되면 2학년 대상으로 3학년 때 직업교육 위탁과정을 희망하는 학생들 신청을 받는다. 미용, 요리, 자동차 정비 등 기술 종목을 선택하고 교육기관을 견학하고 면접 보고 해서 3학년 개학일에는 3학년 교실이 아니라 외부 교육기관으로 등교한다. 고3 수험생보다 더 치열할 수도 있다. 기술교육이다 보니 몸을 움직여야 한다. 그 출결 기준이 학교보다 훨씬 엄격하다. 터치패드로 자동으로 출석 확인이 되고 강의실 도착이 오전 9시 정각에서 1초만 늦어도 지각이다. 지각이 3회면 결석 1회로 처리된다. 그리고 출석이 일정 수준이 되어야 고용노동부로부터 훈련수당을 받을 수 있다. 학교에서는 출석이 학생부에 기록되는 것으로 끝났지만, 이제는 경제적 결과로까지 이어진다.

공부하기 싫거나 학교생활 적응의 어려움으로 위탁과정을 선택한 학생은 위탁기관에 적응하지 못하고 다시 학교로 돌아올 수 있는지 학교로 돌아올 방법을 문의하기도 한다.

직업교육 위탁과정은 공부하기 싫은 학생들이 학교생활을 피하기 위해서 선택하는 단계가 아니다. 대학교와 같이 고급학문과 고급기술은 아니지만, 생활 속 기술을 교육해서 빨리 생활인을 양성한다는 취지이다. 그리고 평생교육 차원에서 일정 기간 근무하면 대학교를 진학할 기회도 충분히 열려 있다.

대한민국의 20대 청년이 모두 대학교에 있는 것도 아니고 대학교 이외의 장소에서 청년 시절을 보낼 수도 있다. 행복은 대학교에만 있지 않다.

우리 주변을 봐도 그렇지만 청소년 시절부터 희망했던 직업에 종사한다고 해도 만족하면서 사는 사람은 그리 많지 않다. 직업은 기를 쓰고 노력해서 가질 수도 있지만, 기회의 변곡점에서 우연하게 바뀌기도 한다. 일하다 보면 인생의 흐름이 바뀌는 기회가 생긴다. 그 기회는 주변 환경에 대한 관찰력이 부족하거나 새로운 시도를 거부하는 경우에는 아무도 모르게 지나간다.

동생은 정비사 경력을 쌓아가면서 이민 수속을 밟고 학창 시절 하지 않은 영어 공부를 시작했고, 사회생활을 하면서 인생의 변곡점을 인식하고 새로운 선택으로 지금이 됐다.

직업교육 위탁과정을 이수한 아이들도 고교 졸업 후 재직기간이

3년 이상이면 일부 대학교 특별전형으로 그리 어렵지 않게 대학 진학을 할 수 있다. 단, 회사에 계속 다닌다는 전제 조건이 있다. 본인이 종사한 직종과 유사한 학과로 진학해서 학업과 일을 같이 하다 보면 인생의 변곡점을 잡을 수 있다.

모든 청소년이 고등학교 졸업 후 모두 대학을 진학해야 할 것 같은 사회적 분위기를 무시하기는 어렵다. 하지만 안전하게 일할 수 있는 환경이라면 대학을 조금 천천히 정말 필요할 때 진학하는 것도 발전적인 선택이다. 어린 사회인이 제자리를 찾아갈 때까지 관심을 가지고 조금 기다려 보는 것은 어떨까?

자녀의 대학 진학에 대한 부모들의 과도한 이기심으로 여러 사회문제가 얽히고 고등학교에 대한 불신도 커졌다. 이제 부모는 부모의 진로에 집중하고 아이가 걸어가는 뒤에서 지켜봐 주자.

나오는 글

선택의 기회를 주고 한 발 옆으로 떨어져서 지켜보자

다시 신학기다. 아이들의 단정한 교복과 교실에 들어서며 조금 쭈뼛거리는 모습이 귀엽다. 온라인 수업과 등교 수업의 반복이 작년과 다르지 않다. 이제는 적응되어 마스크는 패션 아이템이 되었고, 개념도 몰랐던 온라인 플랫폼이 교실보다 친숙하다.

이번 주는 1학년이 온라인 수업이다. 온라인 수업의 장점 중 하나가 개인적인 질문을 좀 더 자유롭게 할 수 있다는 것이다. 개인 채팅이나 댓글로 질문을 하거나 상담하고 싶은 내용을 적으면 비공개 댓글로 답변한다. 말로는 표현하지 못했던 'ㅠㅠ' 'ㅋㅋㅋ' '~~해용' '^^;;;;'를 넣어서 질문하면 더 실감 난다. 교실에서는 웬만한 용기로는 손들고 질문하기 쉽지 않다.

이제 입학한 지 2주, 온라인 수업 중인 신입생 민경이(가명)에게 이런 댓글이 왔다.

민경: 진로가 있는데, 이 진로를 계속 희망해도 될지 모르겠어요.

답변: 본인이 선택한 일에 대해서 자신을 갖고 차근차근 준비해 나가기 바랍니다. 결정을 누가 해주지 않고 시험도 대신 봐줄 수 없습니다. 너무 겁먹지 말고 용기를 갖고 한발 내디뎌 보세요~. 편의점 가는 일처럼 손쉬운 일은 아니지만, 그 성취는 본인만 해결할 수 있습니다.

민경: 조언 감사합니당!!♥

민경이는 나의 답변을 어떻게 이해했을까? 지금 생각해 보니 '좀 더 섬세하게 대답해 줄걸' 하는 아쉬움이 든다. 앞으로 민경이를 만날 시간이 많으니까 기회는 있을 것이다.

왜 민경이는 입학한 지 2주 만에 그동안 고이 간직한 꿈이 불안해졌을까? 3월 한 달은 학생들에게는, 특히 고등학생에게는 선택의 연속이다. 진로에 맞는 동아리, 진로에 도움 되는 독서, 진로와 연계한 봉사활동, 모둠활동 주제 선정 등등… 아이들의 선택권과 자율권을 위해서 아이들에게 키를 넘겨 주었지만, 아이들은 반갑지 않다. 지금까지 선택을 해 본 경험이 많지 않은 아이들로서는 그 결과를 모르니까 무섭다. 게다가 그 선택이 대학 진학에 영향을 미친다고 하니 더더욱 주저한다. 민경이도 많은 선택지를 보니 불안감이 스멀스멀 올라온 모양이다.

3월에는 유독 학교 게시판이나 복도 벽 등에 각종 안내문이 많이 붙는다. 그중에 도시학교에는 어울릴 것 같지 않은 '슬기로운 농부 생활'이라는 동아리원 모집 안내문이 곳곳에 붙어 있다. 2학년의 기장과 부기장의 연락처와 함께….

기장의 이름을 보니 작년 신입생으로 식물재배동아리를 만들고 싶다고 해서 지도 선생님을 소개해 준 아이다. 시골에서 산 경험도 없고 다른 아이들은 관심도 갖지 않은 분야에 흥미를 갖고 학교에서 허락받은 좁은 땅뙈기를 제 밭 삼아 돌아다닌 아이다. 기장에 이름을 올린 것을 보니 작년 일 년을 잘 보낸 것 같다. 게다가 오늘 아침에 자전거로 등교하는 모습을 보니 건강해 보이고 반갑다.

이 아이가 나중에 진짜 농부가 될지, 본인이 희망하는 대학에 진학할지, 가다가 삐끗할지 모르지만 최소한 고교 3년 동안은 자기 꿈을 말할 수 있고 그 꿈에 동의해주는 친구와 선생님을 만난다. 학교가 이 아이에게 해준 일이 아니라 아이 스스로 결정하고 선택한 일이다.

살아가면서 보니 새것이 나쁠 이유는 없다. 새 차, 새집, 새 옷, 새 신발 등 구입하고 나면 다음 날이 되기만을 기다려지는 두근거림이 있다. 나는 그 만족감을 최대화하기 위해서 하는 일이 있다.

결제하고 내 손에 들어온 순간부터는 상품의 가격 동향에 관심을 끊는다.

대부분의 공산품은 구입하고 나면 다음 날부터 가격이 하락하기 마련이다. 나는 적당한 가격이라고 생각해서 구입했지만, 가격이 떨어지는 상황을 보면 내가 구입한 상품에 대한 만족감이 뚝 떨어진다. 그리고 나의 안목과 경솔한 선택을 후회하면서 새로 구입한 상품에 집중하지 못한다. 더구나 교환이나 환불도 어려워하는 성격까지 가지고 있으니….

이제 새 학교, 새 학년, 새 친구, 새 선생님으로 시작한다. 이 시작이 두근거렸으면 좋겠다. 다른 학교와 비교하지 말고, 다른 반과 비교하지 말고, 다른 친구와 비교하지 말고 오롯이 지금 교실에, 수업에 집중하다 보면 본인이 선택한 일에 불안도 줄어들고 자신감이 붙을 것이다.

선택의 기회는 앞으로도 계속 이어진다. 계속 불안할 수는 없다. 학교 성적이 우수하다고 선택의 순간이 불안하지 않는 것은 아니다. 오히려 근거 없이 예민해질 대로 예민해진 진로 감수성 때문에 주변 상황을 더 불편하게 느끼기도 한다.

아이가 할 수 있는 선택의 기회를 아끼지 말고, 선택한 후에는 선택지의 유불리를 떠나서 그냥 몰입할 수 있게 기다리자.

내가 17살 때 나중에 나이 오십이 되면 이렇게 학교에서 수업을 하고 아이들의 고민을 듣고 있으리라고는 상상하지도 못했듯이 지금 우리 아이들이 어떻게 성장할지는 예측하기 어렵다. 우리 어른들의 걱정과 다르게 아이들은 직관적인 능력으로 자기의 길을 잘 찾아갈 것이다. 대부분은 우리 계획대로는 되지 않겠지만….

우리 아이가 위험한 상황이 아니라면 한 발 옆으로 떨어져서 지켜보자. 부모 노릇은 곧 끝나고 머지않아 뒤로 빠져야 하는 시간이 온다. 그리고 나면 부모의 진로도 생각해 보자.